贸易便利化协定及双边协定下海关行政互助协查研究

海关总署国际检验检疫标准与技术法规研究中心 编

中国海关出版社有限公司
·北京·

图书在版编目(CIP)数据

贸易便利化协定及双边协定下海关行政互助协查研究/海关总署国际检验检疫标准与技术法规研究中心编. --北京：中国海关出版社有限公司，2024.7
ISBN 978-7-5175-0792-5

Ⅰ.①贸… Ⅱ.①海… Ⅲ.①国际贸易-贸易协定-研究 Ⅳ.①F744

中国国家版本馆 CIP 数据核字(2024)第 088910 号

贸易便利化协定及双边协定下海关行政互助协查研究
MAOYI BIANLIHUA XIEDING JI SHUANGBIAN XIEDING XIA HAIGUAN XINGZHENG HUZHU XIECHA YANJIU

作　　者：	海关总署国际检验检疫标准与技术法规研究中心
责任编辑：	邹　蒙
责任印制：	孙　倩
出版发行：	中国海关出版社有限公司
社　　址：	北京市朝阳区东四环南路甲1号　　邮政编码：100023
编 辑 部：	01065194242-7530（电话）
发 行 部：	01065194221/4238/4246/5127（电话）
社办书店：	01065195616（电话）
	https://weidian.com/?userid=319526934（网址）
印　　刷：	北京华联印刷有限公司　　经　销：新华书店
开　　本：	710mm×1000mm　1/16
印　　张：	8.5　　字　数：157千字
版　　次：	2024年7月第1版
印　　次：	2024年7月第1次印刷
书　　号：	ISBN 978-7-5175-0792-5
定　　价：	60.00元

海关版图书，版权所有，侵权必究
海关版图书，印装错误可随时退换

编委会

主　编：祝少春　张树杰　黄雅理　魏　徽
编　委：(按姓氏笔画排序)
　　　　于　倜　王　珉　王丹青　王永亮　王志远　王建东
　　　　田　野　冯　陆　刘建华　孙芳芳　芦琳琳　李雪松
　　　　吴　展　周李琼　郑　曦　孟　冬　高　晓　彭丹阳
　　　　焦　阳　童　话

前　言
PREFACE

　　海关行政互助协查是指为了保证有效实施海关法律法规，防范、打击违反海关相关法律法规的行为，维护正常贸易秩序，基于国际公约与条约，或两国（地区）海关依据双方的协议或基于对等互惠的原则，在法定权限内相互为对方提供多种形式协助的活动。海关行政互助协查工作对打击走私瞒骗等违法犯罪行为、维护公平贸易秩序具有重要意义。

　　2015年9月4日，中国常驻世界贸易组织特命全权大使俞建华向世界贸易组织总干事罗伯特·阿泽维多递交接受书，标志着中国已完成接受《贸易便利化协定》议定书的国内核准程序，成为接受该议定书的第16个成员。截至2017年2月，共计有112个成员接受该协定，超过了WTO协定规定的三分之二成员接受的生效条件，协定正式生效。

　　《贸易便利化协定》第十二条就海关合作的条件、程序、内容、限制等做了系统的规定。可见，海关行政互助协查是《贸易便利化协定》非常重要的组成部分。各国（地区）海关的实践也充分证明，海关作为进出境监督管理的国家机关，在推进贸易便利化的过程中发挥着不可或缺的作用，海关与跨境手续、跨境制度是贸易便利化问题的核心内容之一[①]。

　　作为世界海关组织的重要成员，我国海关高度重视对贸易便利化的促进，出台了一系列政策措施来推动贸易便利化。根据WTO《贸易便利化协定》，以及我国与其他国家（地区）签署的海关行政互助合作协议，我国海关和其他国家（地区）海关相互提供协助，以共同打击违反海关法的行为。截至2020年12月，我国与其他国家（地区）海关机构签署的涉及行政互助内容的协议、谅解备忘录等文件共有74份，适用于90多个国家和地区；每年接收的协查请求有1 000余件，涉及2 000余票货物，且有逐年增多的趋势。

　　但是，我国现行海关行政互助工作方式主要是人工操作方式，存在所需人力资源多、耗时长、不易查询并反馈信息、不能形成系统化流程、不能对风险

---

① 郜媛莹：《中国海关推进贸易便利化的政策研究》，博士论文，2017年5月。

信息提出预警等诸多问题，这在一定程度上不适应我国海关行政互助工作开展的需要，与我国"智慧海关、智能边境、智享联通"目标不相匹配。此外，在行政互助中，我国海关接受和对外提出的请求也呈现出明显的不平衡。①

因此，在《贸易便利化协定》及双边协定框架下，系统梳理和研究发达国家（地区）海关行政互助协查机制，对于我国海关行政互助协查的开展具有一定助益。

---

① 践行"三智"合作理念，发挥了海关行政互助协查国际联络枢纽作用，能够更好地服务于国家外交外经贸大局。截至发稿前，海关总署国际检验检疫标准与技术法规研究中心在海关总署国际合作司的指导下已开发建设海关行政互助协查系统。此外，近年来我国对外提出的协查请求数量呈迅速增长趋势。

目 录
CONTENT

第一章　国际组织视角下的海关行政互助制度 ………………… 001
　一、世界海关组织视角下的国际海关行政互助制度体系 ………… 001
　二、世界海关组织视角下的国际海关行政互助机构设置 ………… 014
　三、世界贸易组织视角下的国际海关行政互助制度简述 ………… 016
　小　结　国际组织视角下的海关行政互助制度回顾与展望 ……… 017
　附录1　《关于行政互助的建议书》（1953）缔约方名单 ………… 019
　附录2　《海关合作理事会关于汇集涉及海关欺诈信息的建议书》（1967）
　　　　 缔约方名单 …………………………………………………… 021
　附录3　《海关合作理事会关于汇集涉及海关欺诈信息的建议书》（1975）
　　　　 缔约方名单 …………………………………………………… 023
　附录4　《内罗毕公约》（主约）缔约方名单 ……………………… 024
　附录5　《内罗毕公约》（附约）缔约方名单 ……………………… 027

**第二章　贸易便利化协定及双边协定框架下美国海关行政互助协查机制
　　　　研究** ……………………………………………………………… 031
　一、《贸易便利化协定》与自由贸易协定框架下的概况 ………… 031
　二、美国海关有关背景情况 ………………………………………… 034
　三、美国海关行政互助协查机制情况 ……………………………… 038
　四、对中国海关的启示与借鉴 ……………………………………… 040
　附　件　中美海关之间已签署的互助合作协议目录 ……………… 042

**第三章　贸易便利化协定及双边协定框架下欧盟海关行政互助协查机制
　　　　研究** ……………………………………………………………… 043
　一、海关国际合作的价值理念 ……………………………………… 043
　二、中国和欧盟海关行政互助协查机制现状 ……………………… 052
　三、欧盟成员国海关行政互助公约的主要内容 …………………… 056
　四、海关行政互助协查的实践挑战与影响因素 …………………… 058

五、海关行政互助协查机制完善构想 ·· 061

第四章 贸易便利化协定及双边协定框架下日本海关行政互助协查机制
研究 ·· 067
一、日本海关简况研究 ·· 067
二、贸易便利化协定及双边协定框架下日本海关行政互助协查机制
研究 ·· 071

第五章 贸易便利化协定及双边协定框架下金砖国家海关行政互助协查机制
研究 ·· 073
一、《贸易便利化协定》对海关行政互助协查的相应要求 ·············· 074
二、海关行政互助模式及其兴起 ·· 077
三、金砖国家海关行政互助协查的现实需要 ······························ 078
四、金砖国家海关合作的整体战略框架及其发展 ·························· 080
五、金砖国家海关主要行政互助和合作机制 ······························ 081
六、新时期海关国际合作的发展趋势及金砖国家海关行政互助合作机制
展望 ·· 085

第六章 贸易便利化协定及双边协定框架下澳大利亚、新西兰海关行政互助
协查机制研究 ·· 099
一、海关行政互助协查机制的界定 ·· 099
二、海关合作的实现途径：风险管理与行政协助 ·························· 101
三、信息的保密、传递与保护 ·· 103
四、澳大利亚与新西兰的行政互助协查主体 ······························ 105

第七章 贸易便利化协定及双边协定框架下我国单独关税区海关行政互助
协查机制研究 ·· 109
一、贸易便利化协定及双边协定框架下中国香港海关行政互助协查
机制 ·· 109
二、贸易便利化协定及双边协定框架下中国澳门海关行政互助协查
机制 ·· 114
三、贸易便利化协定及双边协定框架下中国台湾、澎湖、金门、马祖
单独关税区海关行政互助协查机制 ···································· 115

第八章 我国海关行政互助协查现状及推进的路径 ···························· 119
一、"行政互助""执法互助"概念之辨析 ································ 119
二、贸易便利化协定背景下我国海关行政互助协查现状分析 ············ 120
三、新阶段推进海关行政互助协查的主要举措 ···························· 123

参考文献 ··· 125

第一章　国际组织视角下的海关行政互助制度

为了及时有效地在国际贸易环境中打击跨国（境）犯罪行为，各国（地区）海关当局充分认识到在国际层面的合作至关重要，海关部门亟须通过国际行政互助对违法犯罪行为进行有效打击。从国际组织的视角出发，海关间的合作主要涉及贸易单证、物流数据与执法信息的信息共享、情报互换。但由于各国（地区）海关当局职能、法律体系各异，在当时的情境下，国际上缺少统一的多边框架的行政互助制度，这使得海关间的合作通常无法及时有效地打击跨国（境）犯罪行为。

1952年海关合作理事会（Customs Cooperation Council，CCC）成立，为了更明确地表达该组织的世界性地位，该组织于1994年10月采用"世界海关组织（World Customs Organization，WCO）"的工作名称。世界海关组织成立的重要目的之一就是加强海关间的行政互助与合作，其作为全球海关界唯一的政府间国际组织，亦是促进海关之间增加行政互助的实体单位与多边组织，截至2023年6月，共有185个海关成员。它的成立为各国（地区）政府进一步探究海关行政互助制度提供了官方平台，也直接促进了国际海关行政互助制度的发展。近年来，世界海关组织出台了一系列国际海关行政互助的政策文件，将打击国际犯罪与国际海关行政互助制度的研究不断推向深入。同时，越来越多的成员单位也日益认识到海关行政互助制度的重要性。

20世纪70年代中期，经济全球化加速扩张，飞速增长的国际贸易体量和新型犯罪手段对各国（地区）海关部门有限的人力资源提出了严峻挑战。因此，在世界海关组织框架下建立国际海关行政互助制度十分必要，其内容主要体现在以下5个方面：打击跨国（境）货物走私、打击毒品与管制药物走私、打击恐怖主义与恐怖主义融资（洗钱）、打击跨境电子商务犯罪、文物保护。本章将重点阐述世界海关组织国际海关行政互助制度所涉及的政策体系和支撑这些制度体系的实体运作机构，并简述世界贸易组织涉及这一领域的主要内容。

一、世界海关组织视角下的国际海关行政互助制度体系

世界海关组织认为,违反海关法的行为会对成员的安全及其金融、社会、经济贸易、社会环境、公共卫生等领域造成威胁，而在海关行政互助制度下加强

信息共享、情报互换，可以使打击违反海关法的行为更加有效。因此，世界海关组织作为国际上唯一专门研究海关事务的政府间国际组织，希望以签署相关文件的方式帮助成员海关在多边或双边架构下更有效地共享信息。如果对这些政策文件进行种类划分，则世界海关组织的相关政策文件主要包括建议书、国际公约、宣言、行政互助区域合作指南和行政互助双边协议模板。上述政策文件与其他国际组织、多边机构和地区性组织制定的文件相结合，构成了国际组织框架下现代国际海关行政互助的制度体系。

（一）建议书概述

1.《关于行政互助的建议书》（1953）[①]

（1）制定背景与简介

从国际组织的角度来看，最早的有关国际海关行政互助的成文文件可以追溯到《关于行政互助的建议书》（1953）（1953 Council Recommendation on Mutual Administrative Assistance，以下简称《1953年建议书》）。创建海关合作理事会的主要目的之一就是建立行之有效的国际海关行政互助制度，因此，海关合作理事会在成立伊始就把它纳入优先事项，并于1953年12月5日发布了《1953年建议书》。该建议书是海关合作理事会探讨行政互助问题的首份成文文件，并为世界各国（地区）海关间的行政互助提出了6条原则性合作建议。该建议书建议各成员在不违反《关于设立海关合作理事会公约》第四条"情报安全和公众安全条款"的情况下，在其海关管理部门之间采取相关合作措施，以防止、调查和打击违反海关法的犯罪行为。《1953年建议书》虽未对违反海关法的具体内容明确定义，但海关合作理事会于1973年在《关于简化和协调海关业务制度的国际公约》（简称《京都公约》）中对违反海关法的行为进行了补充定义。

《1953年建议书》在国际海关行政互助制度发展历史上对其基本原则进行了描述，使接受本建议的成员海关初步形成了建立海关行政互助合作的概念，并极大地推进了各成员开始构建国际海关行政互助制度的进程。此外，《1953年建议书》还鼓励成员海关在海关合作理事会下设的全方位架构基础上积极缔结双边或多边协定。该建议书还为各缔约方的海关行政互助提供了发展方向，也为之后起草与签订《关于防止、调查和惩处违犯海关法罪实行行政互助的国际公约》（《内罗毕公约》）与《海关合作理事会关于改进海关合作和行政互助的声明》（《塞浦路斯宣言》）打下了坚实的基础。

[①] Customs Cooperation Council. Recommendation of the Council on Mutual Administrative Assistance. 5 December, 1953.

（2） 主要内容与成员加入情况

海关合作理事会制定《1953年建议书》旨在促进各成员海关加强合作，以便更有效地打击违反海关法的犯罪行为。因此该建议书在正文部分设立了6条原则，对具有共同边境的海关合作、特别关注事项、犯罪信息传达、清单交换规定、部门关系维持与机密信息处理作出了规定。

《1953年建议书》在前言部分对其创设背景和操作原则进行了规定。该建议书认为，正因为以走私行为为主的违反海关法的犯罪行为将会对海关合作理事会各成员单位的经济贸易和财政造成损失，所以各国（地区）海关部门应该采取行政互助合作，并对违反海关法的犯罪行为进行更有效的打击。在这一背景下，海关合作理事会建议各成员在不违反情报安全和公众安全，即《关于设立海关合作理事会公约》第四条内容的基本原则时采取相关措施，有效防止犯罪动机，并对违反海关法的犯罪行为展开调查和打击。

《1953年建议书》正文第一条为海关合作理事会对部分认可该建议书成员海关提出的建议：具有共同边境的成员海关可以开展相关合作，并在切实可行的范围内合理协调海关办公时间，根据其职能进行联系。

《1953年建议书》正文第二条为海关合作理事会对认可该建议书各成员海关声明的特别关注事项：应其他成员单位行政互助邀请的成员海关应尽可能对高风险物品进行特别监管，包括已声明的特定重要涉案货物、具有走私罪前科的嫌疑人员出入境、具有走私嫌疑的交通工具等。

《1953年建议书》正文第三条为海关合作理事会对认可该建议书各成员提出的时效性建议，内容分为a、b两款。a款对犯罪信息传达提出了时效性建议，建议受特殊请求的海关部门应尽可能迅速和详细地传达其掌握的与相关海关犯罪的任何信息；b款对新型犯罪方式的传达提出了建议，建议认可该建议书各成员海关应尽可能及时且详细地相互通报新型犯罪方式或相关非机密性的研究报告，包括及时响应成员海关的特殊请求与及时共享走私犯罪情报。

《1953年建议书》正文第四条为海关合作理事会建议各成员海关提供交换清单时应说明已知的已成为海关执法对象的货物品类。

《1953年建议书》正文第五条为海关合作理事会对其成员提出部门关系建议，这种海关间的合作方式应为部门间合作而非中央政府层级的合作，也应以双方可接受的方式安排调查服务内容以维持直接的个人关系。

《1953年建议书》正文第六条为海关合作理事会对其成员机密信息的定义与处理建议：各成员收到任何与海关行政互助相关的信息都应视为机密信息，

并且在传递和对接过程中只与尽可能少的直接相关人员联系。

此外,该建议书还建议各成员结合国家地理位置与国家立法建立双边或地区性海关行政互助协定,以进一步发展有助于解决海关就跨国(境)犯罪问题的合作或其他海关互助事项。

据世界海关组织官方统计,截至 2001 年 10 月 25 日,《1953 年建议书》共有 48 个缔约方(详见附录1)。此外,个别国家(地区)对该建议书部分条款内容存在保留并不作公开。

(3) 文件评价

《1953 年建议书》的发布是海关合作理事会成立后非常重要的一项工作,该建议书不仅首次对海关行政互助制度进行了成文描述,而且为后续的相关公约与文件搭建了坚实的基础。但《1953 年建议书》对国际海关行政互助内容描述过于抽象,受国际环境影响也未对"违反海关法的行为"作出准确的定义。从法律实施效力的角度来看,该建议书对各缔约方也没有法律约束性与法律强制力,因此各缔约方在真正进行行政互助过程中仍存在很大的自由度。综上而言,作为国际海关行政互助制度现行可查的首份文件,《1953 年建议书》具有划时代的意义,也为后续的国际海关行政互助制度打下了基础,但其也有局限性,未能成为一项真正可实施的具有法律约束力的国际海关行政互助制度。

2.《海关合作理事会关于汇集涉及海关欺诈信息的建议书》(1967)[①] 和《海关合作理事会关于汇集涉及海关欺诈信息的建议书》(1975)[②]

海关合作理事会自建立之初就将国际海关行政互助制度的建立作为其重要工作,《1953 年建议书》也为国际海关行政互助的建立打下了坚实的基础。值得一提的是,海关合作理事会于 1967 年 6 月 8 日和 1975 年 5 月 22 日先后发布了《海关合作理事会关于汇集涉及海关欺诈信息的建议书》(1967)(1967 Recommendation of the Customs Cooperation Council on the Pooling of Information concerning Customs Fraud,以下简称《1967 年建议书》) 和《海关合作理事会关于汇集涉及海关欺诈信息的建议书》(1975)(1975 Council Recommendation on the Pooling of Information concerning Customs Fraud,以下简称《1975 年建议

---

① Customs Cooperation Council. 1967 Recommendation of the Customs Cooperation Council on the Pooling of Information concerning Customs Fraud. 8 June, 1967.

② Customs Cooperation Council. 1975 Council Recommendation on the Pooling of Information concerning Customs Fraud. 22 May, 1975.

书》）。两份建议书对《1953年建议书》进行了深化和补充。

其中，《1967年建议书》在国际海关行政互助原则的基础上对海关欺诈罪进行了详细的规定，共包含1份正文与5份附件。正文部分对通过信息交流打击海关欺诈罪和建立海关信息汇集架构进行了描述；附件一至五分别对海关欺诈罪名的成立、利用交通工具进行的海关欺诈罪行为、海关欺诈罪行为中的走私方法、易受走私影响的货物和利用伪造手段进行的海关欺诈罪行为进行了概述。共有45个成员海关加入该建议书（详见附录2）。此外，接受该建议书的个别成员海关对部分条约有所保留。

《1975年建议书》则在《1967年建议书》的基础上对成员海关交换信息和在海关欺诈罪方面的最佳实践做法提出了进一步深化的建议，共包含1份正文与5份附件。正文部分对海关欺诈罪信息的交换方式提出了建议，主要包括海关情报信息中心的建立和使用规则；附件一至五分别对走私行为和走私以外的海关欺诈行为、走私和其他欺诈手段、参与走私行为的船舶信息、易受走私影响的货物和利用伪造手段进行的海关欺诈行为进行了概述。共有26个成员海关加入该建议书（详见附录3）。此外，接受该建议书的个别成员海关对部分条约有所保留。

（二）国际公约概述

1.《内罗毕公约》简述[①]

（1）制定背景

世界海关组织成立的目标之一就是为协助其成员海关打击违反海关法行为提供有效的国际合作手段。自《1953年建议书》发布后，该建议书的各缔约方在世界海关组织的引导下建立了非常密切的合作，并通过海关部门间的直接联系人接触，而无须通过中央政府层级的机构开展早期海关行政互助。

此后，海关合作理事会紧跟国际经贸发展趋势，进一步出台、完善建议书，倡导各成员海关共同建立违反海关法犯罪嫌疑人信息集合系统，并由理事会秘书处分发信息。《1967年建议书》建议进一步扩大解释，将"犯罪嫌疑人信息集合系统"内容扩大至汇集"涉嫌走私的运输工具窝藏点信息""新型走私方法""易走私货物信息""伪造海关证件信息"的综合系统。1975年海关合作理事会通过《1975年建议书》，再次扩大《1967年建议书》

[①] Customs Cooperation Council. International Convention on Mutual Administrative Assistance for the Prevention, Investigation and Repression of Customs Offences (Nairobi Convention). 9 June, 1977.

范围和海关合作理事会秘书处作用，在不违反缔约方法律的基础上将"违反海关法犯罪嫌疑人"扩大至"涉嫌走私或欺诈行为的嫌疑人与在走私行为中被捕的其他嫌疑人"。

此外，海关合作理事会对"非传统违反海关法犯罪"中的行政互助也保持高度专注，但受各国（地区）法律制度差异和敏感信息交换制度影响，此类行政互助往往是"就事论事"的点对点建议。1967年海关合作理事会额外注意到麻醉药品和精神药物滥用与走私行为出现了极大的增长，因此通过一项决议并邀请成员海关在此类犯罪中最大限度地发挥国际海关行政互助的作用。1973年海关合作理事会提请各国（地区）海关关注艺术品、古董及其他文化财产进出口走私问题，并建议其成员积极利用《1953年建议书》与《1967年建议书》发展打击艺术品和古董走私的行政互助。

海关合作理事会同样注重各成员海关落实行政互助的准确性与有效性。国际海关行政互助建议书对于部分成员海关而言不仅施行困难，而且在打击具体犯罪案件的施行效果上也不如双边的行政互助协议。此外，建议书的劣势在于没有对双边行政互助给出范例，因此各缔约方并不能按照预期利用建议书打击违反海关法的行为。因此，海关合作理事会就此问题于1967年提出一项适用于双边海关行政互助的示范协议供有关国家（地区）审议，希望可以在降低海关行政互助门槛的条件下提升双边海关行政互助的实际效果。

在多次完善补充的过程中，海关合作理事会意识到出台一份具有更高效力的"公约"可以更有效地控制与打击跨国（境）犯罪行为，缔结区域性的双边或多边协定虽然对有关国家（地区）有益，但建议书并不能提供一种能让全球大部分国家（地区）满意的打击海关欺诈与违反海关法犯罪的国际架构。因此，20世纪70年代日益严重的违反海关法行为和跨国（境）犯罪极大地损害了世界各国（地区）的经济利益，并且对其市场和政府机关造成了较大的廉政危机。为了促进各国（地区）海关在打击违反海关法行为和跨国（境）犯罪问题上的合作，海关合作理事会根据多年国际海关行政互助实际情况编制了一份多边行政互助公约草案，即《关于防止、调查和惩处违犯海关法罪实行行政互助的国际公约》，于1977年6月9日海关合作理事会年会上通过并以国际公约的方式发表。由于此次会议在肯尼亚首都内罗毕召开，因此本公约又称《内罗毕公约》。本公约是在海关合作理事会各项建议书的基础上发展而成的，是一项国际海关行政互助的集大成之作。

（2）主要内容与加入情况

《内罗毕公约》于1980年5月正式生效，包含1份主约、11份附约。其中主约部分共有6个章节；附约部分分别对海关部门应主动提供的协助，进出口关税和其他税费的评估协助，与管制有关的协助，与监管有关的协助，发出询问的通知，海关关员或专家在境外法庭出席或作证，缔约方海关关员的跨国（境）交流，缔约方海关关员的跨国（境）调查，相关信息汇集，与打击麻醉药品与精神药物走私有关的协助，与打击艺术品、古董或其他文物走私有关的协助进行了规定。①

《内罗毕公约》主约部分是在《1953年建议书》的基础上深化修订完成的。本公约不仅对海关国际行政互助进行了明确的规定，还希望通过国际公约的形式促进各缔约方加强海关联系和跨国（境）犯罪打击。本公约虽对何为违反海关法作出明确定义（任何已遂或未遂的违反海关法的行为），但迄今为止世界海关组织各成员海关大多将1973年所签订的《京都公约》中对违反海关法的定义作为国家立法蓝本，受限于篇幅和本章重点内容要求在此不作赘述。

第一章"定义"共包括1条条约，即第一条。本章作为定义条款对9个海关行政互助中的术语进行了定义，分别为"海关法""违犯海关法罪""瞒骗海关偷漏关税罪""走私""进口或出口关税和相关税费""人""理事会""常设技术委员会""批准"。

第二章"公约的范围"共包括3条条约，即第二条至第四条。本章对《内罗毕公约》的适用范围进行解释。其中，第二条条约共有3款，分别对缔约方的责任、缔约方所提供的行政互助的权利范围和《内罗毕公约》不应当扩大的范围进行了限定；第三条条约规定缔约方在合作过程中认为行政互助有侵犯国家主权的情况时，可以拒绝提供或仅在一定条件或规定下给予协助；第四条条约规定当被请求方无法提供协助时，是否同意请求协助方的请求，应由被请求方自行酌情决定。

第三章"协助手续总则"共包括4条条约，即第五条至第八条。本章主要对海关行政互助手续的总体原则进行了规定。其中，第五条条约共有2款，对海关情报的使用范围和机密性作出严格规定，确保信息交换的合法性和敏感信息使用的合理性；第六条条约共有3款，规定了海关总局之间互通情报的方式；

---

① 11份附约是：附约一"海关当局主动提供协助"；附约二"经请求提供估证进出口税捐的协助"；附约三"经请求提供管制方面的协助"；附约四"经请求提供监管方面的协助"；附约五"经请求为缔约另一方代查询和发通知"；附约六"海关关员在外国法院或法庭出席"；附约七"缔约一方的海关关员到另一缔约方领土内调查"；附约八"参与国外调查"；附约九"情报的汇总"；附约十"在查缉麻醉药品和精神药物走私方面提供协助"；附约十一"在查缉艺术品、古董和其他文物走私方面提供协助"。

第七条条约共有4款，对协助的请求方式提出了要求；第八条条约规定了聘请专家和证人的支出由请求方负担。

第四章"杂则"共包括3条条约，即第九条至第十一条。其中，第九条条约规定了海关主体应在行政互助过程中指定相关负责机构，确保行政互助人员间的直接联系；第十条条约规定对缔约方进行了要求，对于缔约方来说，提及或使用本公约时，应同时包含公约正文和缔约方接受的附约；第十一条条约规定表明《内罗毕公约》中的各项规定不应排除若干缔约方今后同意或可以同意实施的更广泛的相互协助。

第五章"理事会和常设技术委员会的职责"共包括2条条约，即第十二条和第十三条。其中，第十二条条约共有2款，分别对理事会和常设技术委员会的职责进行规定；第十三条条约则要求理事会和常设技术委员会对《内罗毕公约》的每一附约作为单独的公约进行表决。

第六章"最后条款"共包括10条条约，即第十四条至第二十三条。其中，第十四条条约规定缔约方对本公约的争议问题应通过谈判解决；第十五条条约共有5款，主要内容为本公约对缔约方的要求，本条约于1989年7月27日进行了内容修正；第十六条条约共有3款，主要内容为本公约的生效规定；第十七条条约共有2款，对单独关税区和本公约的适用范围进行规定；第十八条条约曾规定本公约不得保留，但在理事会第81/82届会议上根据第20条规定的简化程序进行了修订并于1995年10月7日生效，现行条约表示每一缔约方应视为已加入或接受本公约（或其附件）中的所有条款，若对本公约有保留或不赞同应通知理事会秘书长，若撤回对本公约的保留或不赞同内容也应通知理事会秘书长；第十九条条约规定了本公约的生效期和废除规定；第二十条条约规定了理事会对本公约的修订权利和修订方式；第二十一条条约共2款，对本公约的加入方进行了规定；第二十二条条约共有5款，规定了理事会秘书长的通知事项；第二十三条条约对公约签署和文本效力进行规定。

对于附约部分而言，在公约制定过程中每一份附约尽可能涵盖了所有可能涉嫌违反海关法犯罪的货物。但附约十仅涉及麻醉药品和精神药物的相关规定，附约十一仅对艺术品、古董及其他文物进行了规定，即接受附约十或附约十一的缔约方仅对这些附约所涵盖的货物具有约束力。

根据世界海关组织官方公布的资料，截至2010年年底，本公约主约共有52个缔约方（详见附录4）。本公约额外规定，对于暂时没有条件实行该公约规定的国家（地区），只需接受至少1份附约就可以成为本公约的缔约方。另外，部分缔约方也对部分签订内容有所保留。

(3) 对《内罗毕公约》的评价

《内罗毕公约》在国际海关行政互助制度体系中非常重要。本公约是目前国际海关就海关欺诈罪、管制药品走私、世界文化遗产走私等问题采取海关行政互助的唯一性全球多边框架公约，全面涵盖了海关合作理事会关于海关行政互助领域的现有建议和决议，在重要性上与《关于设立海关合作理事会公约》《海关商品估价公约》等国际公约处于同等地位。迄今为止由本公约确立的相关行政互助制度仍然是最具国际影响力也是最有效的行政互助制度。另外，本公约在国际海关行政互助制度中具有强制性的法律约束。作为具有强制性的法律文件，缔约方必须互相负责提供海关互助的公约义务，因此《内罗毕公约》是首个真正法律意义上的国际海关行政互助制度。此外，本公约在缔约方的认定上也具有高度的灵活性。本公约由1份主约与11份附约共同构成，并且附约可以相互独立接受，即允许目前无法执行本公约所有条款的国家（地区）在接受至少1份附约后可以成为缔约方。这一规定最大限度地吸纳缔约方，从"能合作"的领域先开始合作。最后，本公约对"海关行政互助"的范围进行了扩大化解释，并对"信息交流"进行了明确的规定。在《1953年建议书》仅对"交流犯罪信息情报"进行规定的基础上，本公约不仅将"海关行政互助"的范围扩大化解释至跨国（境）货物贸易信息的交换，还在附约部分对交换情报信息进行了明确的规定。世界海关组织的文件政策体系与发展脉络秉持"从无到有"和"从模糊到清晰"，本公约在建议书基础上取得了从"原则性规定"至"具体条例规定"的进步。

不可否认的是，《内罗毕公约》仍存在一定的缺陷。由于本公约额外规定对于暂时没有条件实行该公约规定的国家（地区），只需接受至少1份附约就可以成为本公约的缔约方，因此缔约方可以通过灵活选取对其有利的条约签订，在执法实践过程中也会选择性地履行本条约，进而在履约的范围方面存在局限性。此外，本公约也有一定的时代局限性，例如，未就国际恐怖主义和跨国（境）犯罪常态化等问题进一步明确责任。

2.《约翰内斯堡公约》简述[①]

自美国"9·11"事件发生以后，海关行政互助作为重要议题再度受到世界各国（地区）海关关注。人们认为有必要在信息科技高速发展的21世纪建立一套新的海关行政互助制度以弥补双边和多边机制存在的缺陷，比如海关情报

---

① Customs Cooperation Council. International Convention on Mutual Administrative Assistance in Customs matters (Johannesburg Convention). 27 June, 2003.

共享制度落后、海关监管合作流于表面等。经过多次磋商,世界海关组织最终于 2003 年 6 月 27 日在布鲁塞尔签署了《海关事务行政互助公约》(International Convention on Mutual Administrative Assistance in Customs Matters,即《约翰内斯堡公约》),并于 2004 年正式在世界海关组织年会上决定开放签字。

《约翰内斯堡公约》共 13 章、54 条,在《内罗毕公约》的基础上进行了深化与细化,主要包括对行政互助的要求进行了扩展、弱化了国家的海关主权、对跨境合作进行了规定、对新型信息交流方式和收集系统进行了规定、对公约争端的解决方式进行了扩展。《约翰内斯堡公约》对国际恐怖主义和跨国(境)犯罪问题的长期化问题提出了新的讨论与规定,但由于本公约目前只有阿尔巴尼亚、印度和南非 3 个缔约方,没有达到法定生效批准书数量,因此尚未生效。此外,本公约确立了与《内罗毕公约》不同的海关行政互助模式。《约翰内斯堡公约》在不同的章节中将海关行政互助进行类别划分,并且明确将互助条款修改为"适用于所有缔约方",并且明确缔约方之间相互平等。因此《约翰内斯堡公约》并不像《内罗毕公约》那样可以灵活选取条约签订,而是只能选择加入或退出整个公约。《约翰内斯堡公约》几乎是世界海关组织所发布的公约中规定最为严格的一类。

(三)《塞浦路斯宣言》简述[①]

如何平衡贸易的"便利"和"安全"一直是世界海关组织所关注的议题。进入 21 世纪后,海关在打击跨国(境)犯罪问题上面临新的挑战。海关作为边境执法部门,在进出境货物、物品和人员的管控上起到主要作用。开放的全球一体化经济发展布局使跨国(境)犯罪组织愈发热衷于利用信息技术掩盖其犯罪行为。2000 年前后,世界海关组织和联合国大会就此问题相继出台文件促进合作,就打击跨国(境)有组织犯罪发出积极信号。在此基础上,世界海关组织意识到有组织犯罪能够利用信息技术的进步和合法行为来掩盖非法贸易。此外,《1953 年建议书》及其后的《关于海关间行政互助与合作的建议书》并未对跨国(境)犯罪组织进行专门研究与规定。世界海关组织于 2000 年正式通过的《塞浦路斯宣言》对跨国(境)犯罪问题进行了补充和完善。

跨国(境)犯罪具有隐蔽性强和种类多样的特点,所以各国(地区)海关部门之间的协调合作对于打击跨国(境)非法活动至关重要。海关在控制货物、交通工具和人员跨境流动中负首要责任,往往可以直面跨国(境)犯罪并获得一手资料,因此海关之间信息和情报交流效果可以直接影响后续案件侦破

---

① Customs Cooperation Council. 2000 Cyprus Declaration. June 2000.

效率和犯罪损失程度。世界海关组织认为国际行政互助制度和情报交流制度可以有效提升海关间信息交流效果，海关需要承担打击海关欺诈和跨国（境）犯罪组织的责任，所以国际组织有必要促进推行标准化的法律文书以适应海关需要，于是在原有的《内罗毕公约》基础上深入对跨国（境）犯罪的讨论并发布《塞浦路斯宣言》。

本宣言共 8 条，通过对世界海关组织和海关的职责进行剖析，对各国（地区）海关就跨国（境）犯罪的海关行政互助制度提出建议。

第一条为本宣言的宗旨。本宣言认为，海关可以通过加强各国（地区）海关间的合作使打击海关违法行为的行动更加有效。同时，海关合作理事会的成立也是为了加强各国（地区）海关间的合作。

第二条、第三条为本宣言对各国（地区）海关提出的总体建议。在海关能力方面，海关合作理事会认为海关可以通过风险分析、特征资料搜集和目标定位机制提高海关在执法和便利化领域的管理能力。在海关合作方面，海关应和国家（地区）级的其他执法机构相互合作并寻求支持。在海关权利方面，海关应采取必要的措施来确保其在国家（地区）体系中的权利。

第四条为本宣言对各国（地区）海关情报交流制度提出的建议。各成员海关应利用双边、区域和国际文书，并在世界海关组织地区情报联络办公室（Regional Intelligence Liaison Office，RILO）和海关执法网络（Customs Enforcement Network，CEN）的协助下迅速和顺利地交换必要的情报。

第五条至第七条为本宣言对世界海关组织秘书处的要求。世界海关组织秘书处应在现有公约基础上为成员寻求适应本国（地区）法律要求的法律文书，并接受成员的咨询。另外，世界海关组织秘书处也应该鼓励其成员加入《内罗毕公约》并完善与其他国际组织现有的合作内容。

第八条为本宣言对世界海关组织的建议。世界海关组织作为国际组织，在国际架构上十分鼓励其成员根据特殊地理位置和本国（地区）法律渊源制定适合自己的海关行政互助制度，包括双边、区域国际协定。世界海关组织也认为双边、区域国际协定在现有的国际合作环境中存在优势，为海关行政互助制度的发展提供行之有效的方法。

（四）《海关事务区域行政互助指南》简述[①]

如前文所述，世界海关组织自成立伊始就将海关行政互助制度设为重要议

[①] World Customs Organization. Guidelines for Regional Mutual Administrative Assistance in Customs matters. 12 April, 2002.

题之一，并就构建"国际框架"和出台"区域协定"进行了多次探讨。世界海关组织认为，20世纪中期在国际上需要制定具有可操作性和强制性的"国际框架"指南为海关行政互助提供蓝本。缔结区域性的双边或多边协定曾经可以给予缔约方较大的利益并且具有实际操作性，但此类行政互助制度在当时并不能提供一种令人满意的打击跨国（境）犯罪与海关欺诈罪的国际行动规范。因此，世界海关组织为解决国际规范缺失的问题而拟定并出台了《内罗毕公约》。伴随世界海关组织对区域化协定的实施，以及国际海关界对区域协定越来越多的关注，世界海关组织致力于出台一份指南，用于指导区域之间的海关行政互助行为。实际上，这也弥补了位于全球和双边的中间层面行政互助指南的空白。2000年以来，随着海关非传统职能的演进，以及世界海关组织秘书处所承担职能的增加，受限于总部的人力资源储备、国际时差和法律协调问题，世界海关组织对海关行政互助问题进行了深化和细分，根据成员海关要求逐步推进区域化倡议（regionalization initiative）和区域机构（regional entities）。国际组织发展的潮流往往是"从空白到创设"至"从总部到区域"。为此，世界海关组织发布《海关事务区域行政互助指南》，致力于解决、统一区域内成员海关间的行政互助协查问题。

《海关事务区域行政互助指南》于2002年4月在中国香港出版，该指南面向的区域是亚太地区。世界海关组织在亚太区域共有33个成员海关。该指南旨在以亚太区域为例，作为世界海关组织对其成员海关在区域行政互助条约的范本。值得一提的是，亚太区域的副主席（轮值成员海关）为该行政互助安排的协调方，负责相关管理机制。《海关事务区域行政互助指南》的内容共有15章、28段，建议参与的成员海关在具体条约签订中议定如下内容：专有概念的定义、合作安排的应用、合作安排的结构、行政互助范围、一般互助行为、特殊互助行为、信息情报交流、互助请求传达、互助请求执行、信息保密、豁免项目、费用、生效和终止、补充内容和管理机制等。

（五）《经修订的双边协定范本》简述[①]

综上所述，海关的传统职能随着时间的推移不断得到丰富和完善，为适应国际经贸发展与国门边境安全的需要，海关的非传统职能也逐渐登上国际舞台成为焦点。海关作为监管跨国（境）物品与货物、运输工具和旅客流动的主要政府机构，在维护全球供应链的便利和安全过程中持续发挥至关重要的作用。然而，贸易的全球化和难以追踪的电子通信也使得跨国（境）犯罪集团的活动

---

① World Customs Organization. Revised Model Bilateral Agreement. June 2004.

愈加频密，进而大大增加了违反海关法规定的风险，也使得海关和执法部门面临更大的压力。世界海关组织认为，违反海关法的犯罪行为极大程度上受到国家（地区）间的经济条件差异、地理位置差异（时区）、适用税率差异与国家（地区）当前所采用的特定优惠政策、禁令、限制和/或其他控制措施的影响。如若缺少有效的双边合作，海关管理部门在处理抵达其领土的货物时，除报关单和货物文件之外几乎没有任何的外部信息支持。即便在对违反海关法的犯罪行为处理过程中存在所谓"外部信息"的支持，由于不同的国家（地区）赋予了海关部门不同的权限，在不同国家（地区）法律体系的影响下，预防与处理海关欺诈罪同样存在相当的难度。此外，不同的国家（地区）对海关欺诈罪有关的行政互助在做法上也有很大的差异。这些问题都会导致海关在处理跨国（境）犯罪过程中受到阻碍、在低效的信息交流中出现缺漏。

为了更好地应对国际贸易、跨国（境）运输和电子通信犯罪，在促进合法贸易的同时海关部门有必要构建高效合法的"双边"国际海关行政互助制度。现今的海关采用风险管理和抽样检查系统极大程度上受到海关信息来源和质量的影响，这些信息包括了进出口、中转地海关、运输机构信息和贸易方式等用于风险分析的关键数据，这恰恰是现代海关实施风险管理的基石。为了便利海关当局之间的信息交流并为其提供法律依据，双边信息交流文书是十分必要的。同时，海关部门还需要其他类型的协助，包括其他相关的政府机构、协会和私营部门等。在《海关事务区域行政互助指南》的基础上，世界海关组织进一步深入讨论了双边协定的签订范本，并为成员提供了《经修订的双边协定范本》，有助于缔约方海关更方便地开展合作。该范本在成员海关间签署双边行政互动协定时起到了很好的参考和指导作用。

案例：伊朗海关与日本海关签署海关事务行政互助与合作协议[①]

2021年8月22日，伊朗经济事务和金融部副部长兼海关总署署长麦赫迪·米拉沙尔菲、日本驻德黑兰特命全权大使爱川和俊在伊朗德黑兰签署了海关行政互助合作协议，两国外交部长在场。

该文件以世界海关组织的《经修订的双边协定范本》为基础，是伊朗和日本两个海关当局在海关事务互助领域签署的最重要的文本，为两国之间交换海关文件和信息提供了法律依据。根据协议文本，两国海关还将能够在实施新海关手续的研究、开发和协调领域开展合作。这项协议的签署是两国海关未来发

---

① WCO Website. Islamic Republic of Iran and Japan sign Agreement on Mutual Administrative Assistance and Cooperation in Customs Matters. 27 August, 2021.

展行政、技术、教育和研究合作的良好开端。

综上所述，世界海关组织在全球层面、区域层面及双边层面都给予了成员海关在海关行政互助协查领域的"范本"和"指南"，为国际间海关行政互助提供了系统指导。

二、世界海关组织视角下的国际海关行政互助机构设置

海关行政互助制度作为世界海关组织重点研究问题之一，由多个机构齐抓共管，主要包括理事会、常设技术委员会与执法委员会，秘书处下设的守法便利司和地区情报联络办公室。

（一）理事会、常设技术委员会与执法委员会

理事会作为世界海关组织等级最高的权力机构，根据政策委员会和各技术委员会提出的建议作出决定，确定未来活动的方向，并根据相关方提出的建议解决有关成员海关发展的问题。常设技术委员会负责向理事会提出几乎涉及所有海关执法技术和流程方面的建议，其任务是研究各层面的海关技术问题，促使海关的工作流程在世界范围内简化和协调。而随着科技在海关日常业务中的广泛应用，涉及新技术的议题日益增多，该委员会也随之下设了部门，专门负责研究和讨论海关科技应用中的问题。根据《内罗毕公约》和《约翰内斯堡公约》中的说明，理事会与常设技术委员会在海关行政互助领域起到相互支撑的作用。

根据公约的规定，理事会监督各成员海关在行政互助领域对国际公约的执行情况，同时下达一些新任务，即扮演着领导者的角色。而常设技术委员会受理事会指示，完成以下工作：一是根据海关具体情况提出行政互助条约的修改案；二是对条约的说法、措辞提出修改意见，以使各成员海关能更准确地履行条约；三是与联合国教科文组织、国际刑事警察组织（以下简称国际刑警组织）等其他组织保持联系，交流技术经验，同时共同保持对神经药物、文物等非法走私的密切关注；四是关注具体条约的落实情况，并且调整新的条约方向、研究针对性的新技术，同时，定期组织世界海关组织成员召开预防违法犯罪的会议。常设技术委员会有时也扮演理事会的角色，发布条约相关的通知与任务。总的来说，常设技术委员会扮演着中间人和开发者的角色，在秘书处总部和成员海关之间进行协调。

此外，世界海关组织的执法委员会每年在世界海关组织总部布鲁塞尔召开一次会议。相比技术委员会更偏向于对科技方面的关注和研究，执法委员会的工作重心则更多放在犯罪问题本身，其设立的目的是为了加大对危险品非法交易的打击力度和执法范围。在促进海关行政互助方面，执法委员会的主要价值

体现在提供执法信息、完成情报交换上。

(二) 守法便利司

世界海关组织秘书处下设机构守法便利司由守法分司和便利分司组成。两部门对海关执法、海关工作的流程进行完善，负责制定条约，管理信息化海关系统等，鼓励海关数据处理实现电子化、自动化。在海关职能不断延伸的当下，守法便利司也紧跟秘书处的领导，对更多领域的通关事物进行执法和管控，包括商业伪造、跨境电子犯罪、盗取知识产权和走私濒危动植物等。

制定国际公约是守法分司的一大职能，也是其推进行政互助的重要体现。两部十分重要的海关行政互助公约《内罗毕公约》和《约翰内斯堡公约》都由该机构制定。守法分司为成员海关在防止、调查和惩处违反海关法规的行为方面提供行政互助奠定了基础；同时，也加强了针对危险品和商业信息差瞒报的国际合作。另外，守法分司同样与打击国际犯罪的其他国际组织进行合作，其更多是与国际刑警组织、联合国国际麻醉品管制署（以下简称联合国禁毒署）合作，针对毒品、非法试剂等危险品的贩卖和加工制造等犯罪情况进行沟通。由于此类犯罪行为通常具有范围大、流通广的特点，及时进行信息互通，才能通过有针对性的部署将罪行尽早铲除，减小波及面积。

对世界海关组织信息系统运行情况进行管理则是守法便利司的又一大职能。海关执法网络便受守法便利司管理对世界海关组织成员报送的与海关有关的违法犯罪数据，守法便利司会进行分类、归纳、分析，再将系统化的中央数据发送给各成员海关，为其下一步战略部署提供参考。作为当前海关领域执法信息最权威可靠的"保存者"，其数据库由所有海关成员共同构建；同时，其功能包括了数据挖掘、分析，一定程度上能够预测未来的风险指标，对全球海关执法工作起着引导性作用。另外，海关执法网络仍在提升其细致化水平，包括精确到某起案件的照片资料、某种危险品的定期数据和流向等，为各成员海关根据其地域特征来进行数据查询服务，不断提升在程序上的友好程度。在智能化海关建设不断推进的当下，执法委员会的平台构建至关重要；随着海关执法网络系统的不断强化升级，全球海关愈发趋向于零障碍、抓捕网点全覆盖。

不论是制定基石性公约，还是运营信息平台，守法便利司为海关行政互助提供了文本和平台上的多方面支持，扮演着全能助手的重要角色。

(三) 地区情报联络办公室 (RILO)

世界海关组织地区情报联络办公室是海关行政互助领域内最为核心的地区机构，其建立之初是为了通过促进地区成员海关之间的联络方式、减少毒品犯罪对区域的威胁。随后，其交流内容也由毒品犯罪扩展到与海关执法相关的各项事务，包括对走私货物的追踪、涉嫌人员及其货运的监管，等等。同时，建立了联系机制，由各成员海关确定一名"海关事务联络员"，建立月度报告交换机制，在整体分析情报之后，最终制定出便于情报交流的核查表。

为提高海关执法的效率，截至 2023 年 8 月，世界海关组织在全球各大洲设立了 12 处地区情报联络办公室，每一处地区情报联络办公室都是独立的地区情报收集、分析中心。地区情报联络办公室负责向海关执法网络统一传输该区域的相关情报，以丰富海关打击犯罪的数据库。同时，海关执法网络也支持各联络处之间进行信报中转，确保该地区的数据进度保持动态、领先。另外，地区情报联络处的设立也使得海关执法网络的信息交互实现了 3 个层面的体系完善。第一层是国家（地区）级别：各成员海关的情报处选举出联络员，负责将国家（地区）一级的执法情报数据传入海关执法网络平台和联络处。第二层是区域级别：在定期收集管辖范围内各国（地区）海关的情报之后，地区情报联络办公室完成汇总、归纳和处理信报，同时根据信息中的相关需求，向对应的海关提供技术支持和其他方面的援助。第三层是世界级别：世界海关组织秘书处作为全球各地区情报联络处的指挥中心和汇总点，保持着对海关执法网络系统的操作使用，同时定期进行全球性的海关战略分析，为各成员海关提供发展预测，给予培训资源和前沿的技术援助。

地区情报联络办公室是一个动态化、全球化的海关机构。每年世界海关组织都召开全球地区情报联络办公室会议（Global RILO Meeting，简称 GRM），由各地区情报联络处的负责人和代表参加。全球地区情报联络办公室会议的目的是监督全球地区情报联络办公室办事处和海关执法网络的发展，讨论和促进战略和运营问题的共同方法，并交流各区域面临的问题，促进地区情报联络办公室完善发展的意见，总结经验和普适化的最佳管理方案。全球地区情报联络办公室会议也是一个用于启动和协调网络中活动的平台，随着国家法条在网络信息领域的持续更新，海关的管理规定也必须与时俱进，全球地区情报联络办公室会议负责组织各地区情报联络办公室联络处开展更新会议，并讨论与网络相关的政策和法律问题。

三、世界贸易组织视角下的国际海关行政互助制度简述

世界贸易组织作为当今世界上最重要的国际经济贸易组织，与世界海关组织在许多海关专业领域紧密合作，其中最重要的就是通过世界海关组织推进各国（地区）海关落实世界贸易组织《贸易便利化协定》（TFA）。国际海关行政互助

制度集中反映在《贸易便利化协定》的第十二条"海关合作"中。

世界贸易组织《贸易便利化协定》于2017年2月22日生效，致力于推动全球经贸发展，强力推动世界贸易组织成员在多边贸易体系下履行贸易便利化职责。《贸易便利化协定》共分为3部分，其中第一部分共12条，对各成员提出共40项贸易便利化措施并规定了世界贸易组织成员在促进贸易便利化方面应履行的实质性义务。第一部分第十二条"海关合作"共有12款协定，分别对促进守法和合作的措施、海关合作信息交换、核实程序、提出请求、海关合作信息安全与保密、合作信息提供、拒绝或延迟回应请求、对等、行政负担、对请求的限制、未经授权的信息使用或披露、双边和区域协定进行了规定，阐明各世界贸易组织成员海关应从海关申报信息的角度展开交流合作，便于核实海关申报信息。

在条文内容上，世界贸易组织与世界海关组织的国际海关行政互助侧重有所差异。世界贸易组织将海关行政互助制度视作一种"过程"，即"达成目的方式"，促进各国（地区）政府、国际商界和国际组织有机结合，希望国际海关行政互助正面推动贸易增长，确保跨境供应链安全高效运转。而世界海关组织各项文件将国际海关行政互助制度视作一种"结果"，通过对海关部门之间的实际操作与互助原则提出建议和规则，促使缔约方建立有效的海关行政互助制度。

在协调机制上，世界贸易组织与世界海关组织的国际海关行政互助设置有所差异。世界贸易组织《贸易便利化协定》实施的主要多边协调平台与机制为世界贸易组织成立的"贸易便利化委员会"和世界海关组织业已投入运行的"贸易便利化工作组"。世界海关组织国际海关行政互助制度则主要由其内部部门进行管理，主要包括负责管理法律问题的海关执法委员会、负责海关执法相关事务的守法分司和负责区域情报收集与分析的地区情报联络办公室。

在条约灵活性上，世界贸易组织与世界海关组织的国际海关行政互助效力有所差异。世界贸易组织《贸易便利化协定》是其成立后第一个被列入《建立世界贸易组织协定》附件1A的协定，该协定属于多边协定，一旦生效后视为所有成员自动加入且不可保留，但根据成员情况对于部分措施允许一定的过渡期。世界海关组织视角下国际海关行政互助制度大部分具有较大的灵活性，既有多边，也有区域和双边，在缔约情况、保留项目和生效期限上均有较大弹性。

小　结　国际组织视角下的海关行政互助制度回顾与展望

世界海关组织等国际组织在长期的实践中，不断丰富海关行政互助的政策文本和制度体系，在多边、区域、双边等领域都提供了很好的范本，对成员海关开展国际间的行政互助协查等工作起到了很好的示范引领作用。国际组织的主要作用是提供框架和指导性范本，由于国际组织自身的特点，其在收集指导案例、制定指导范本和协调制度等方面具有独特优势。在这些方面国际组织的工作不可替代，如果各国（地区）在没有统一架构和范本的环境下就事论事协定行政互助事务，则会走很多的弯路。

然而，也必须看到其存在的局限性与挑战。国际组织所建设的海关行政互助体系依然是以较为理想化的多边框架为主，而在具体国际实践中仍是以双边为主。以《内罗毕公约》为例，世界上几大重要贸易国，如中国、美国、日本、德国都未加入，而这些国家更多的是采用双边行政互助协定的形式开展合作。当今更倾向于在解决具体问题的实践中选择双边条约的原因主要包括：各国（地区）法律渊源不同，各国（地区）海关在政府行政管理架构中可能存在不对等，海关与海关的职能不同步而导致对接可能存在阻碍，信息交换授权可能需要其他相关部门共同参与并签署谅解备忘录，对信息交换、情报共享的要求不一致等，在多边框架下协调上述各项内容非常困难。因此，世界海关组织提供了一个非常好的框架和原则，但是在具体的实践过程中成员目前还是从效率出发，选择双边的或者区域内以某一方为主导的更有效的协调机制。

未来，在法律法规允许的情况下，新型技术与系统可能为国际海关行政互助提供新的支持，如签订协议后的区块链技术可以使海关之间实时共享信息，运用大数据与云平台可以更好地建设信息交流中心，海关现代化、智慧海关与"单一窗口"有助于在多边框架下形成更好的机制，等等。各国（地区）海关都在积极建设更先进的行政互助平台。以中国海关为例，2019年，中国海关政府机构改革后，海关总署国际检验检疫标准与技术法规研究中心（简称"标法中心"）受海关总署委托，承担中国海关与国际间的合作信息交换联络点工作，并在国际海关行政互助过程中代表中国海关与世界贸易组织各成员、有关国家（地区）海关国际公约或相关文件交换特定进出口货物的信息。[①]为促进贸易便利化与维护贸易秩序，完善风险预警机制，增进中国与国外的合作关系，中国于2021年6月开始对中国海关行政互助信息化系统建设，其中包括"海关系统内端"和"国外海外端"两部分。本系统设立目标为实现"外方协查请求办理"和"中方对外提出协查请求办理"两条主干业务流程信息化。[②]

[①] 资料来源：中华人民共和国海关总署官网，《王令浚在京调研海关行政互助协查工作》，2019年12月20日。

[②] 资料来源：中国海关政府采购网，《海关总署国际检验检疫标准与技术法规研究中心2021年海关行政互助协查信息化应用采购项目竞争性磋商》，2021年5月21日。

附录 1 《关于行政互助的建议书》（1953）缔约方名单

Council Recommendation on mutual administrative assistance (5 December, 1953). 《关于行政互助的建议书》（1953 年 12 月 5 日）	
Total number of acceptances：48 总加入成员数：48	
ALGERIA 阿尔及利亚	LUXEMBOURG 卢森堡
ARGENTINA 阿根廷	MALAWI 马拉维
AUSTRALIA 澳大利亚	MALTA 马耳他
AUSTRIA 奥地利	MAURITIUS 毛里求斯
BELGIUM 比利时	MOROCCO 摩洛哥
BULGARIA 保加利亚	NETHERLANDS 荷兰
CANADA 加拿大	NEW ZEALAND 新西兰
CYPRUS 塞浦路斯	NIGERIA 尼日利亚
CZECH REP. 捷克	NORWAY 挪威
DENMARK 丹麦	PAKISTAN 巴基斯坦
EGYPT 埃及	POLAND 波兰
FINLAND 芬兰	PORTUGAL 葡萄牙
FRANCE 法国	ROMANIA 罗马尼亚
GERMANY 德国	RWANDA 卢旺达
GREECE 希腊	SENEGAL 塞内加尔
ICELAND 冰岛	SLOVAKIA 斯洛伐克
INDIA 印度	SPAIN 西班牙
IRAN 伊朗	SWEDEN 瑞典
IRELAND 爱尔兰	TANZANIA 坦桑尼亚
ISRAEL 以色列	THAILAND 泰国

续表

ITALY 意大利	TUNISIA 突尼斯
JAPAN 日本	TURKEY 土耳其
KOREA 韩国	UNITED KINGDOM 英国
LESOTHO 莱索托	UNITED STATES 美国

附录 2　《海关合作理事会关于汇集涉及海关欺诈信息的建议书》(1967) 缔约方名单

Council Recommendation on the pooling of information concerning Customs fraud (8 June, 1967). 海关合作理事会关于汇集涉及海关欺诈信息的建议书（1967 年 6 月 8 日）	
Total number of acceptances: 45　总加入成员数：45	
ALGERIA 阿尔及利亚	LUXEMBOURG 卢森堡
ARGENTINA 阿根廷	MALAWI 马拉维
AUSTRALIA 澳大利亚	MALTA 马耳他
AUSTRIA 奥地利	MAURITIUS 毛里求斯
BELGIUM 比利时	NETHERLANDS 荷兰
CAMEROON 喀麦隆	NEW ZEALAND 新西兰
CANADA 加拿大	NIGERIA 尼日利亚
COTE D'IVOIRE 科特迪瓦	NORWAY 挪威
CYPRUS 塞浦路斯	PAKISTAN 巴基斯坦
CZECH REP. 捷克	PORTUGAL 葡萄牙
DENMARK 丹麦	ROMANIA 罗马尼亚
EGYPT 埃及	RWANDA 卢旺达
FINLAND 芬兰	SENEGAL 塞内加尔
FRANCE 法国	SPAIN 西班牙
GERMANY 德国	SWEDEN 瑞典
GREECE 希腊	SWITZERLAND 瑞士
IRAN 伊朗	TANZANIA 坦桑尼亚
IRELAND 爱尔兰	THAILAND 泰国
ISRAEL 以色列	TUNISIA 突尼斯
ITALY 意大利	UGANDA 乌干达

续表

JAPAN 日本	UNITED KINGDOM 英国
KOREA 韩国	UNITED STATES 美国
LESOTHO 莱索托	—

附录 3 《海关合作理事会关于汇集涉及海关欺诈信息的建议书》(1975) 缔约方名单

Council Recommendation on the pooling of information concerning Customs fraud (22 May, 1975) 《海关合作理事会关于汇集涉及海关欺诈信息的建议书》(1975年5月22日)	
Total number of acceptances: 26 总加入成员数: 26	
AUSTRALIA 澳大利亚	JAPAN 日本
BELGIUM 比利时	KOREA 韩国
CAMEROON 喀麦隆	LEBANON 黎巴嫩
CANADA 加拿大	LUXEMBOURG 卢森堡
CYPRUS 塞浦路斯	NETHERLANDS 荷兰
DENMARK 丹麦	NEW ZEALAND 新西兰
FINLAND 芬兰	NORWAY 挪威
FRANCE 法国	PAKISTAN 巴基斯坦
GERMANY 德国	PORTUGAL 葡萄牙
GREECE 希腊	SENEGAL 塞内加尔
IRAN 伊朗	SWEDEN 瑞典
IRELAND 爱尔兰	UNITED KINGDOM 英国
ITALY 意大利	UNITED STATES 美国

附录 4 《内罗毕公约》(主约) 缔约方名单

\	Customs Cooperation Council. International Convention on Mutual Administrative Assistance for the Prevention, Investigation and Repression of Customs Offences (Nairobi Convention). 9 June, 1977. 《关于防止、调查和惩处违犯海关法罪实行行政互助的国际公约》(《内罗毕公约》,1977年6月9日)	
缔约方	缔约方式	
	需批准后的缔约	无保留的缔约[①]
阿尔巴尼亚	—	2001-06-05
阿尔及利亚	—	1988-10-27
澳大利亚	—	1986-11-03
奥地利	1978-06-16	—
阿塞拜疆	—	2002-04-25
白俄罗斯	—	2000-09-07
加拿大	—	1990-09-19
科特迪瓦	—	1983-10-10
克罗地亚	—	2000-10-17
古巴	—	1995-11-03
塞浦路斯	—	2001-05-30
捷克	—	1999-06-29
芬兰	1985-06-07	1985-06-07
法国		2001-04-12
格鲁吉亚	—	2009-12-03
冰岛	1978-06-29	—
印度	—	1988-06-20
印度尼西亚	—	1993-08-19

续表1

缔约方	缔约方式	
	需批准后的缔约	无保留的缔约
伊朗	—	1998-01-06
爱尔兰	—	1983-09-29
意大利	—	1983-05-18
约旦	1978-06-09	1978-06-09
肯尼亚	—	1983-08-31
拉脱维亚	—	1997-03-04
立陶宛	—	2000-11-24
马拉维	1978-06-23	1978-06-23
马来西亚	—	1979-03-26
毛里求斯	—	1985-02-01
摩尔多瓦	—	2001-07-20
摩洛哥	—	1980-02-21
新西兰	—	1984-10-30
尼日尔	—	1989-09-08
尼日利亚	—	1984-06-25
挪威	—	1985-03-25
巴基斯坦	—	1979-07-29
卡塔尔	—	2003-05-19
俄罗斯	—	1994-12-13
沙特阿拉伯	—	1985-03-18
塞内加尔	—	1992-03-18
斯洛伐克	—	2000-02-10
塞舌尔	—	2012-03-29
南非	—	1993-08-10
斯里兰卡	—	1984-12-19
斯威士兰	—	2000-01-12
瑞典	—	1983-05-03
塔吉克斯坦	—	1997-08-20

续表 2

缔约方	缔约方式	
	需批准后的缔约	无保留的缔约
多哥	—	1991-05-15
突尼斯	—	1983-09-28
土耳其	—	1982-08-25
乌干达	—	1989-07-11
乌克兰		2000-07-11
英国②	—	1983-03-18
赞比亚	—	1984-05-21
津巴布韦	—	1982-06-14
缔约方总数	52	
未经批准的签署数	2③	

注：①该公约于 1980 年 5 月 21 日生效，在 3 个月后 5 个国家无保留地签署了该公约。在批准或加入书交存之日起 3 个月后，本公约对任何批准或加入其中的国家生效。

②延长申请时限。

③自 2011 年 7 月 1 日之后所记录数据。

附录 5　《内罗毕公约》（附约）缔约方名单

Customs Cooperation Council. International Convention on Mutual Administrative Assistance for the Prevention, Investigation and Repression of Customs Offences (Nairobi Convention). 9 June, 1977.
《关于防止、调查和惩处违犯海关法罪实行行政互助的国际公约》
（《内罗毕公约》，1977年6月9日）

缔约方	I	II	III	IV	V	VI	VII	VIII	IX	X	XI
阿尔巴尼亚	+[①]	+	+	+	+	+	+	+	+	+	+
阿尔及利亚	+	+	+	−[②]	−	−	−	−	+	−	−
澳大利亚	+	−	+	−	−	−	−	−	−	−	−
奥地利	S[③]	S	S	S	S	S	S	S	S	S	S
阿塞拜疆	+	+	+	+	+	+	+	+	+	+	
白俄罗斯	+	+	+		+	+	+		+	+	+
加拿大	−	−	−	−	−	−	−	−	−	+	−
科特迪瓦	+	+	+	+	+	+	+	+	+	+	+
克罗地亚	+	+	+	+	+	+	+	+	+	+	+
古巴	+	−	−	−	−	−	−	−	+	+	+
塞浦路斯	+	+	+	−	+	+	−	−	+	+	+
捷克	+	+	+	+	+	+	+	+	−	+	+
芬兰	+	−	+	+	−	−	−	−	+	+	−
法国	+	−	−	−	−	−	−	−	+	+	−
格鲁吉亚	+	+	+	+	+	+	+	+	+	+	+
冰岛	−	−	S	S	−	−	−	S	−	−	−
印度	+	+	+	+	+	+	+	+	+	+	+
印度尼西亚	+	−	+	−	−	+	−	−	+	+	+

续表1

缔约方	|	||	|||	|V	V	VI	VII	VIII	IX	X	XI
伊朗	-	-	-	-	-	-	-	-	-	-	+
爱尔兰	-	-	-	-	-	-	-	-	-	+	-
意大利	-	-	-	-	-	-	-	-	-	+	-
约旦	+	+	+	+	+	+	+	+	+	+	+
肯尼亚	+	+	+	+	+	+	+	+	+	+	+
拉脱维亚	+	+	+	+	+	+	+	+	+	+	+
立陶宛	+	+	+	-	-	-	-	-	+	+	-
马拉维	+	+	+	+	+	+	+	+	+	+	+
马来西亚	+	+	+	+	+	+	+	+	+	+	+
毛里求斯	+	+	+	+	+	+	+	+	+	+	+
摩尔多瓦	+	+	+	+	+	+	+	+	+	+	+
摩洛哥	+	+	+	+	+	+	+	+	+	+	+
新西兰	+	+	+	+	+	+	+	+	+	+	+
尼日尔	-	+	-	-	+	-	-	-	+	-	+
尼日利亚	+	+	+	+	+	+	+	+	+	+	+
挪威	+	-	+	+	-	-	-	-	+	-	-
巴基斯坦	+	+	+	+	+	+	+	+	+	+	+
卡塔尔	+	+	+	+	+	+	+	+	+	+	+
俄罗斯	-	-	-	-	-	-	-	-	-	+	-
沙特阿拉伯	+	+	+	+	+	+	+	+	+	+	+
塞内加尔	+	+	+	+	+	+	+	+	+	+	+
斯洛伐克	+	+	+	+	+	+	+	+	+	+	+
塞舌尔	+	+	+	-	-	-	-	-	-	-	-
南非	+	+	+	-	+	-	-	-	-	-	-
斯里兰卡	+	-	-	-	-	-	-	-	+	+	+
斯威士兰	+	+	+	+	+	+	+	+	+	+	+
瑞典	+	-	+	+	-	-	-	+	+	+	-
塔吉克斯坦	-	-	-	-	-	-	-	-	-	+	-

续表2

缔约方	\multicolumn{11}{c}{附约编号}
	I	II	III	IV	V	VI	VII	VIII	IX	X	XI
多哥	+	+	+	+	+	+	+	+	+	+	+
突尼斯	+	+	+	−	+	−	−	−	+	+	+
土耳其	+	+	+	−	−	+	−	−	+	+	+
乌干达	+	+	+	+	+	+	+	+	+	+	+
乌克兰	+	+	+	−	+	+	+	+	−	−	−
英国*④	−	−	−	−	−	−	−	−	−	+	−
赞比亚	+	+	+	+	−	−	−	−	+	+	+
津巴布韦	+	+	+	+	+	+	+	+	+	+	+
总计	44	37	41	30	32	33	28	28	39	45	34

注：①+表示对具体某一附约接受。
②-表示对具体某一附约保留。
③S 表示签名待批准。
④＊表示延长申请期限。

第二章 贸易便利化协定及双边协定框架下美国海关行政互助协查机制研究

多年来，作为发达国家海关，美国海关的变革发展对国际海关有着重要而深刻的影响，在国际海关行政互助领域，美国海关发挥了积极的推动和示范作用。本文首先关注在世界贸易组织《贸易便利化协定》和美国签订的自由贸易协定框架下涉及海关合作与互助的内容，然后简要介绍美国海关的背景情况，重点对美国海关行政互助及协查机制进行分析研究，就借鉴美国海关的经验与做法提出相应建议。

一、《贸易便利化协定》与自由贸易协定框架下的概况

（一）《贸易便利化协定》相关条款与美国态度

世界贸易组织于 2013 年 12 月在巴厘部长级会议上通过了《贸易便利化协定》，该协定于 2017 年 2 月正式生效，成为世界贸易组织多哈回合谈判启动以来取得的重要突破，旨在澄清和完善《关税及贸易总协定》（General Agreement on Tariffs and Trade，GATT）第五条、第八条、第十条的内容，进而推动世界贸易组织各成员简化和协调海关监管和相关边境措施的手续，提升全球贸易便利化水平。

《贸易便利化协定》第一部分（第一条至第十二条）规定了各成员在贸易便利化方面的实质性义务，涉及信息公布、预裁定、货物放行与结关、海关合作等内容，共 40 项贸易便利化措施。其中，第十二条涉及海关合作，旨在协调和规范不同国家和地区的海关之间如何交换信息以核实货物申报的数据，基本原则是，每个缔约方的海关，应其他国家和地区的海关请求且满足相应条件的情况下，应就特定的进口或出口报关单提供信息或单证。

本条规定了各成员间进行信息交换的条件和要求，通过信息交换以实现更有效的海关监管，同时对所交换的信息给予保密。就制定信息交换的法律规定，本条赋予各成员海关灵活操作空间，也允许各成员签订双边、多边、地区协定，这些协定包含交换海关信息与数据，包括提前提交的信息。

就海关间行政协查机制而言，本条规定了当海关当局对报关信息真实性或

准确性存在怀疑，需要另一成员的主管当局提供信息以核实某进出口报关信息时，各成员必须采取的程序。请求这类信息时必须以书面形式提出，在信息可用时，被请求的主管当局必须及时提供所需信息。信息必须严格保密，未经特定书面许可，不得透露。本条还对请求遭到推迟或拒绝的情形作出了规定，包括在满足反方向的类似要求时缺乏互惠性等理由。本条还明确指出，成员可订立或维持双边、多边或区域性的海关信息数据共享或交换协议。

值得关注的是，在《贸易便利化协定》谈判中，涉及此条核心问题分为两个层面：首先，是否要设定约束性规则；其次，如果有约束性规则，如何限定。据对《贸易便利化协定》谈判过程的研究得知，此条提案方主要为印度、巴西和南非等发展中国家，利益冲突方为加拿大、美国等发达国家，以及新加坡等有较强出口竞争能力的国家。美国对开展信息交换和行政互助协查的态度并不积极，主要原因在于，美国认为发展中国家关注的主要是与商品税费相关的信息，比如海关完税价格的准确性；而对美国海关而言，关税及其他税费征收已不是重要的关注领域，因此可能会出现信息交换和协查的不对等性。

（二）自由贸易协定框架下涉及海关互助与协查的内容

在美国联邦政府层面，美国贸易代表办公室（USTR）负责牵头与其他国家和地区开展自由贸易协定（Free Trade Agreement，FTA）谈判。经查阅美国贸易代表办公室网站，截至2023年8月，美国共与20个国家和地区签署了15项自由贸易协定，经对比分析这些自由贸易协定关于海关合作的内容可以发现，美国及其贸易伙伴在自由贸易协定谈判和实施中呈现出逐步重视海关合作及行政互助协查的趋势，比如于1985年生效的美国—以色列自由贸易协定，本身条款相对简略，其中未对海关合作设立专门条款和规定；于2000年签署的美国—约旦自由贸易协定只有一个条款涉及海关合作，同样未对海关合作设立专章，且基本未涉及协查机制的内容。

但在随后达成的13项自由贸易协定中，均设有"海关管理"专章（个别自由贸易协定也扩展为"海关管理与自由贸易"），并在此专章下订立专门条款以明确双方海关的信息交换与协查机制安排。发生此变化的主要原因是考虑到各自海关管理机构是自由贸易协定最重要的实施部门之一，海关管理的效率与效能直接关涉自由贸易协定的实施效率和程度。对海关行政协查机制内容的不断丰富和完善，反映了美国与其伙伴方共同的需求；同时，美国在自由贸易协定谈判中涉及海关合作领域也会考虑其自身利益。因此，各项自由贸易协定包含的海关合作的内容大同小异，甚至连所在章节与条款都完全一样。

表 2-1　美国签订或主导的自由贸易协定框架下涉及海关合作与协查的条款

自由贸易协定名称	涉及海关互助及协查的条款
美国—澳大利亚自由贸易协定	Article 6.5：Cooperation
美国—以色列自由贸易协定	无专门条款
美国—巴林自由贸易协定	Article 5.5：Cooperation
中美洲自由贸易协定	Article 5.5：Cooperation
美国—智利自由贸易协定	Article 5.5：Cooperation
美国—哥伦比亚自由贸易协定	Article 5.5：Cooperation
美国—约旦自由贸易协定	Article 14：Rules of Origin and Cooperation in Customs Cooperation
美国—韩国自由贸易协定	Article 7.7 Cooperation
美国—摩洛哥自由贸易协定	Article 6.5 Cooperation
美国—阿曼自由贸易协定	Article 5.5：Cooperation
美国—巴拿马自由贸易协定	Article 5.5：Cooperation
美国—秘鲁自由贸易协定	Article 5.5 Cooperation
美国—新加坡自由贸易协定	Article 4.5：Cooperation
美墨加协定（USMCA）	Chapter 7：Customs Administration and Trade Facilitation, Section B：Cooperation and Enforcement Article 7.25：Regional and Bilateral Cooperation on Enforcement Article 7.26：Exchange of Specific Confidential Information Article 7.27：Customs Compliance Verification Requests Article 7.28：Confidentiality between Parties Article 7.29：Sub-Committee on Customs Enforcement
跨太平洋伙伴关系协定（TPP）	Article 5.2：Customs Cooperation

注：美国于 2017 年 1 月退出跨太平洋伙伴关系协定（TPP），随后由日本主导，改为《全面与进步跨太平洋伙伴关系协定》（CPTPP）。

来源：美国贸易代表办公室（USTR）网站。

于 2020 年 7 月生效的美墨加协定（USMCA）代表了美国主导的自由贸易协定所体现的高标准特征，该协定在海关合作方面规定更为详尽，协定第七章（海关管理与贸易便利化）第 B 部分（Section B）的 5 个条款全部用于规定成员方在海关合作和执法互助的内容,也体现了协定三方良好的合作基础。

二、美国海关有关背景情况

作为美国历史悠久的联邦政府机构,美国海关在"9·11"事件后经历了脱胎换骨式的变革,其行政互助机制的职责与重点也在机构改革前后有所变化,因此有必要对美国海关变革的有关情况予以回顾梳理。

(一) 机构改革与组织变革

美国海关是1789年联邦政府建立之初最早设立的联邦机构之一,在2001年发生"9·11"事件之前,虽经多次变革演进,但一直履行贸易监管、关税征收、打击走私等海关传统职能。"9·11"事件之后,美国政府对其边境和口岸管理体制实行重大调整,对美国海关机构实施了重组,对原属于美国财政部的海关署进行了拆分,成立了海关与边境保护局(CBP)、移民和海关执法局(ICE),划归新成立的国土安全部(DHS)。原海关署的调查职能被整合进移民和海关执法局中;原海关署的监管和征税职能、移民和归化局的原移民口岸检查职能、司法部的原边境巡逻职能、农业部的原动植物卫生口岸检验检疫职能被划归至海关与边境保护局,从而使海关与边境保护局成为美国历史上第一个集陆海空口岸海关、检验检疫、移民检查、边境巡逻等职能为一体的口岸执法部门,实现了口岸监管职能的"单一窗口"。根据重组的要求,海关与边境保护局的主要职责是反恐,首要任务是阻止恐怖分子及其武器进入美国境内,海关职能实现了从传统职能向非传统职能的转变。美国海关的重组和职能转变引领了世界范围内海关的新一轮改革,英国、澳大利亚、加拿大、新西兰等国纷纷效仿,不同程度上加大了海关在边境反恐方面的责任。

自2017年以来,海关与边境保护局对其机构进行了一系列改革,改革的主要内容是对其位于华盛顿总部机关下设的20个助理局长办公室进行了整合。经过整合,总部机关按照业务职责分工,设立了6个执行助理局长办公室(执行助理局长级别高于助理局长,每个执行助理局长办公室设执行助理局长一名,下辖若干名助理局长)。为加强全国海关应对风险的能力,提高海关监管专业化水平,保证全国海关执法统一性和监管效能,海关与边境保护局在全国层面加强了"大脑"建设,以切实提升总部对全国海关监管和执法工作的指挥和控制能力,具体情况如下:

一是建立了国家风险布控中心(NTC)。2001年年底成立的国家风险布控中心,目标直指反恐,集中了国土安全部、海关与边境保护局、移民和海关执法局、海岸警卫队、联邦调查局、运输安全管理局等部门的派驻人员,对进出美国国境的安全风险进行集中分析和处置,对包括海关与边境保护局在内的所有联邦政府部门的反恐项目提供技术支持。该中心既是美联邦政府部门间信息共享的平台和协调联络的中继站,又是口岸安全风险防控的指挥部。该中心还为海关与边境保护局派驻海外58个港口的集装箱安全倡议(CSI)专家提供查验指令,以便他们与驻地海关合作,对输美高风险集装箱货物进行检查;也为美派驻在海外空港从事旅客预先筛查的关员提供预警,以便其与所在空港执法部门合作,将高风险旅客阻挡在美国国门之外。

二是设立了商业风险分析及布控中心(CTAC)。该中心成立于2009年10月,旨在应对进口商品的安全问题,保护美国消费者的健康和安全。该中心的进口商品专家具有丰富的专业知识和经验,通过风险分析来判定商品是否符合美国有关行业的质量标准、是否侵犯知识产权、是否含有可能危及美国消费者健康和安全的有害物质等,并依据分析结果向业务现场发出查验布控指令。此外,该中心还根据现场查验情况,对特定时期某一类问题商品的进口趋势进行分析,以便联邦政府负责消费者产品安全的部门采取相应的调控措施。商业风险分析及布控中心成员包括海关与边境保护局、农业部、消费品安全委员会、食品药品监督管理局、食品安全检验局、动植物卫生检验局和环境保护署7个联邦政府部门。海关与边境保护局根据各成员单位的要求提供特定进口货物的信息,并视风险程度实施布控或采取联合行动。商业风险分析及布控中心成立以来,已针对某些有问题的进口商品组织过多次联合执法行动,在打击伪劣和侵权商品、应对生物恐怖袭击、保护美国消费者健康和安全方面发挥了重要作用。

三是设立了专家及专业中心(CEE)。该中心于2010年11月1日开始试点项目,按照商品管辖范围,在纽约、芝加哥、休斯顿等地区共设有10个专家及专业中心,涵盖了税则的所有商品监管。该中心的建立旨在通过与商业协会和业界建立固定的联系渠道,提高海关人员的专业能力,以提高海关与边境保护局现场贸易执法和防范职业风险的效率,促进合法贸易。海关与边境保护局在全国范围内选拔人员组成专家队伍,并对其进行专门培训,以保证其专业能力并熟知专家及专业中心的运行模式。该中心采取的是虚拟机构运营模式,办公室日常只有主任及2~3名工作人员,其余工作人员则分布在各个口岸,中心主任通过网络向各口岸的工作人员传达指令,工作人员也只通过网络完成相关工作任务,对于现场遇到的疑难问题,专家们通过网络展开讨论,并按程序作出决定。此工作模式既保证了专家及专业中心决策的集中和全国各口岸执法尺度的统一,又确保工作人员不脱离业务现场。中心主任的级别与口岸海关负责人平级，相互不存在隶属关系，对有争议的商品申报、征税、查验和放行拥有决定权。2015 年以后，10 个专家及专业中心已全部处于运行模式。

四是在全国 20 个口岸设立"现场业务办公室"。位于海关与边境保护局总部的现场业务办公室是其最大的内设部门，管辖全国 3 万余名执法人员，这些人员在口岸从事移民、海关和检验检疫的执法工作。为加强对现场执法工作的指导、保证各现场执法统一性，海关与边境保护局在全国较大的 20 个业务现场设立了"现场业务办公室"，总部的"现场业务办公室"对现场执法进行指导并进行监督。

（二）美国海关主要执法依据

1. 美国宪法（全称美利坚合众国宪法）

1787 年制定的美国宪法在美国历史上的重要性是其他法律法规无法比拟的。美国宪法涉及海关法律制度的部分主要是围绕关税展开的，具体条款为：

第一条第八款第一项，主要内容为国会有权规定和征收税款、关税、进口税和货物税，以偿付国债、提供合众国共同防务和公共福利，但一切关税、进口税和货物税应全国统一。

第一条第九款第六项，主要内容为对于任何州输出的货物，不得征收税款或者关税。任何有关贸易或税收的条款，不得给予某州港口优于他州港口的特惠；开往或来自某州的船舶，不得强制其在他州入港、出港或缴纳关税。

第一条第十款第二项，主要内容为任何州未经国会同意，不得对进出口征收任何进口税或关税，除了为执行该州商检法令所绝对必要者之外；任何州对进出口所征收的全部关税和进口税的净额应归合众国国库使用。

2. 《美国法典》第十九卷

1926 年，美国国会将建国以来所制定的，除独立宣言、联邦条例与联邦宪法外，所有的有效法律法规加以合并编纂，命名为《美国法典》（United States Code，USC）。根据法律法规的内容与调整对象的不同，《美国法典》被划分为 50 个主题，每个主题对应为 1 卷。《美国法典》的编纂机构是美国国会众议院法律修订委员会办公室。此后，美国国会每通过一部法律，在发行单行本的同时，该办公室的工作人员将这部法律分解为若干部分，再根据规范的内容编排到 50 个主题的相关卷中。《美国法典》每 6 年重新编纂一次，在这 6 年期间，每年将当年通过的法律按照法典编排的序号，编辑成一个补充卷。在新的法典尚未编纂之前，可以通过补充卷查阅和引用最新的法律规定。《美国法典》第十九卷是"关税"，包括 26 章。

3. 美国《联邦法规汇编》第十九卷

1935年，美国国会颁布实施了《联邦登记法》（Federal Register Act），要求国家档案馆负责编辑和出版《联邦登记》日报，统一公布各联邦机构颁布的法律条例，所有的总统公告和行政令，以及总统认为具有普适性和法律效力的，或国会要求公开的文件。行政法规必须在《联邦登记》日报上公布后才能生效。1936年联邦政府公告办公室开始参照《美国法典》编纂的方式对《联邦登记》进行合并编纂，并将其命名为《联邦法规汇编》（Code of Federal Regulations，CFR）。由于联邦政府无权对国家基本制度等方面的事项立法，因此《联邦法规汇编》的分类并不完全等同于《美国法典》，而是以联邦政府机构管理的内容作为分类标准。《联邦法规汇编》第十九卷是"关税"，其中包括3章，分别是第一章"海关与边境保护局、国土安全部"、第二章"美国国际贸易委员会"、第三章"商务部国际贸易署"。

4. 其他法规

除执行《联邦法规汇编》第十九卷外，美国海关还要执行一些重要的法律法规。自"9·11"事件后，为强化美国海关的边境保护和维护国家安全的职能，美国国会先后制定了《2002贸易法》《2002海上运输安全法》《2002国土安全法》《2004海岸警卫和海上运输法》《2006港口安全法》《2007实施9·11委员会建议法》《2015贸易便利化及贸易执法法案》，加上1930年起实施的《关税法》等海关基本法律，构成了现在美国海关执法的法律体系。这些新的法律从海关机构重组、职责范围、与商界建立沟通机制、增加海关申报要求、建立"单一窗口"信息化系统、实施一系列保证安全的国际合作项目等方面都作了原则规定，为美国海关新监管体制形成提供了遵循和依据。

（三）海关与边境保护局全球合作战略

一直以来，美国海关重视国际合作，在多边和双边层面与全球伙伴机构共同发起国际合作倡议、推进项目和活动实施，确保美国边境安全和经济繁荣。2016年，海关与边境保护局国际合作办公室牵头制定了"海关与边境保护局全球合作战略（CBP Global Engagement Strategy）"，整合其国际合作项目，阐明全球合作活动的指导原则、具体目标和共享方法。该战略以反恐为主要目标，提出了4个战略目标：力争在最早期、最薄弱的环节发现并打击美国安全和繁荣面临的潜在威胁，实现便利合法的贸易和旅行，提前分享信息和风险管理，在贸易和安全领域倡导全球共享的价值、规范和标准。该战略凸显了海关与边境保护局在国际海关界继续扩大影响的雄心。

就海关行政互助协查而言，美国的主要负责机构为海关与边境保护局。海关与边境保护局在全球21个国家和地区设有海外办公室并派驻海关专员，这些办公室基本涵盖了美国所有贸易伙伴，主要职责之一就是利用海关行政互助协定这一法律框架，与驻地海关开展包括信息交换在内的海关行政互助。

三、美国海关行政互助协查机制情况

（一）美国联邦层面关于国际协定的规定

根据美国国内法规定，国际协定是指美国对外缔结对本国有法律约束力的所有文件，分为条约及其他国际协定。条约以外的其他国际协定又可以分为：国会国际协定、根据条约缔结的国际协定以及总统国际协定。海关行政互助协定属于国会行政协定的范畴。国际协定在美国法律中有"自动执行"和"非自动执行"之分，海关行政互助协定属于"自动执行"的国际协定，即无须借助国会制定的法律，就可以在美国的法律体系中得以执行。

根据美国宪法中关于"最高法"条款的规定，国际协定属于美国的"最高法"，即具有高于各州法律的效力。海关行政互助协定所属的国会国际协定是依据国会立法对外缔结的，因此其效力等同于国会立法。当这种协定与国会立法发生冲突时，则一般遵循"后法优于前法"原则，如果协定缔结在先、法律制定在后，则适用法律；如果法律制定在先、协定缔结在后，则适用协定。

（二）美国海关签订的海关行政互助协议及效力

1967年，海关合作理事会通过了海关行政互助公约的范本，以鼓励成员海关将其纳入本国海关政策。美国于1970年加入海关合作理事会，截至2020年年底，已与其他国家和地区签署82项海关行政互助协定。海关行政互助协定是美国海关开展对外数据交换的主要法律依据。对于每份协定，美国境内外法院均认可是进行广泛合作的法律基础。在已签订的双边互助协定中，中国内地海关、中国香港海关均在其列，需特别说明的是，美国海关与边境保护局和中国台湾地区海关也签订了类似的行政互助协定。

（三）美国关于信息公开立法以及海关数据公开情况

对于政府信息的保密与公开，美国法律有较明确的规定。特别是1966年国会通过了《信息自由法》，规定除9类特殊信息外，政府信息可以向公众（包括外国人和外国组织）开放。关于民众所需要的信息是否属于9类特别信息的争议解决程序，《信息自由法》规定，如果政府机关主管人员拒绝公开信息，要求接触信息的人员或机构可以首先向政府机关负责人申请复核；如果仍被拒绝，可以向联邦地区法院提起诉讼。法院将不予公开地检查诉讼所针对的政府信息，以确定这些信息是否属于《信息自由法》所指的9种应予保密的信息。

虽然在《信息自由法》所规定的9种应予保密的信息中包含了贸易秘密和机密的商业、金融信息，但根据法律规定，进出口商以及航运公司向海关申报的舱单、提单等信息不列入秘密或机密的范畴，属于可以向公众公开的信息。

早在18世纪，美国政府已颁布法令，船运提单可以刊登在航运报纸上以通知收货人提货。1846年美国JOC（Journal of commerce）报馆成立，作为当时最热卖的航运日报之一，JOC与船公司有着频繁的业务往来，并在此过程中发现提单具有巨大的商业价值，于是开始利用手中掌握的提单资料帮助船公司发展业务，这标志着提单第一次在商业领域的应用。1966年美国政府认为市场透明度的提高将有助于激烈的市场竞争朝着有序化的方向发展，从而有利于国家整体经济的发展，于是根据当时通过的《信息自由法》，首次在全世界范围内将海关数据全部公开。根据世界各地政府法例，目前美国仍是唯一将所有贸易记录公开的国家。

总体来讲，美国海关在对外签署行政互助协定时，对规定可以交换的信息及信息的使用都比较开放。例如，根据美国国内的相关法律，没有规定价格信息属于商业机密，不得对外公开。在实际操作中，海关与边境保护局也没有将商品的价格信息作为机密并在对外行政互助中加以限制。通过海关与边境保护局与几个主要贸易伙伴签署的行政互助协定（如美加、美日、美国与中国台湾地区等）中对于价格信息的规定，可以看出价格信息与其他如原产地、归类等信息一样，作为有助于准确计征关税的信息，是可以应请求对外提供的。在中美海关行政互助协定的第五章中，商品价格同样可以作为信息的一种应对方请求予以提供。同时，美国海关对外签署的主要行政互助协定也规定了所交换的信息须经提供方同意后，才能作为行政或司法程序中的证据使用。

依据法律可以获取的美国海关信息主要来源于海关与边境保护局的自动舱单系统（AMS），包含了美国的到港数据以及通过美国转口到其他国家（地区）的舱单数据。数据包含了进口商名称、进口商地址及具体联系方式，货物的具体描述、价格、体积、重量、件数、唛头，出口商的名称、出口商地址及具体联系方式，原产地信息、承运人、启运港、抵达港、抵港日期、集装箱编码及装载方式等。

（四）关于美加贸易数据交换

截至2023年8月，美国海关与别国（地区）开展的最为主要的单纯数据交换项目，是美加数据交换项目。该项目源于1987年，当时美加两国的贸易统计存在较大差异，于是当时的加拿大统计署、加拿大海关、美国商务部普查局及美国海关署4家机构共同合作并签署了美加数据交换备忘录，因为双方认为进口数据比出口数据更加准确,因此,该备忘录规定只交换两国的进口数据。该备忘录的签署及成功实施缩小了两国之间的统计差异,有助于两国政府更清楚了解对方贸易现状。

根据该备忘录的规定,美方向加方提供的数据包括:加拿大出口商信息、加拿大出口货物源自省份、货物的毛重、运费信息及集装箱信息等。加方向美方提供的数据包括:美国启运港、空运及海运的舱单信息、美国出口货物源自州、货物的重量、是否为转口货物、自贸区编号(如有)、美国出口商信息、货物运费及出口日期等。

该备忘录明确规定,双方所交换的数据只能用作统计,不得用于监控、执法等其他用途。同时,双方在备忘录中还规定,必须遵守对方国家的法律,对涉及商业秘密的信息要给予严格保密。在实际操作过程中,通过大批量详细数据交换,双方海关发现了许多非法贸易行为,如在本国未申报的出口。然而该备忘录对信息的使用范围及保密作了规定,同时也禁止双方贸易执法部门将交换的信息用于调查。因此,双方正在共同商讨放宽对信息的使用范围,将所交换的信息用于执法领域,但在双方对该备忘录的修改达成一致之前,根据该备忘录交换的信息仍只能用于统计目的。

四、对中国海关的启示与借鉴

通过以上分析研究美国海关在海关行政互助中的策略与做法,得出对中国海关的启示与借鉴如下:

(一)在国际海关规则塑造中推动信息交换

比如,《贸易便利化协定》本身的达成在很大程度上源自美国的推动和塑造,特别是2005年世界海关组织通过了《全球贸易安全与便利标准框架》(SAFE),该框架淋漓尽致地展现了美国海关在"9·11"事件后如何将国内规则上升为国际海关规则的塑造力和影响力,如何通过集装箱安全倡议(CSI)与海关与商界反恐合作伙伴关系(C-TPAT)在更高层面、更加机制化地推动信息交换。更为关键的是,通过倡导海关与商界伙伴关系,将海关和口岸安全部门的监管链条逐步延伸至国际贸易供应链的全链条和各个环节。

(二)用好中美现有协定下的协查机制

相对于中国与其他国家(地区)签署的海关行政互助协定,中美海关行政互助协定对于可交换信息的范围以及信息使用的限制都是较为宽泛且较为开放的。中美两国早已成为彼此最大的贸易伙伴之一,在中美贸易中的海关执法随着双边贸易量逐年增长,面临的问题也越来越多。中国海关应更好地利用中美海关行政互助协定这一法律框架，以需求为导向，加强中美海关数据交换合作。建议各直属海关在中美贸易监管过程中对遇到的问题加强收集、梳理和分析，有的放矢地向美方提出需求，通过海关行政互助的渠道获取有用信息，再将其运用到实际监管中，以打击中美贸易中存在的非法行为。

（三）根据自身利益提出行政互助请求

据统计，在每年中国海关收到的来自其他国家（地区）海关数量甚多的协查请求中，美国海关提出的请求比例并不高，近年其主要关注点在于打击恐怖主义、确保边境安全，这与其政府的战略目标和政策相一致。在保护国门安全日趋成为中国海关核心职能的背景下，中国海关在向美方提出协查请求时，也可对协查请求的重点进行调整。

附件 中美海关之间已签署的互助合作协议目录

1.《中华人民共和国政府和美利坚合众国政府关于海关互助的协定》(中、英文本)

2.《中华人民共和国海关总署与美利坚合众国海关与边境保护局关于在有关港口加强海运集装箱安全合作的原则声明》(中、英文本)

3.《中华人民共和国海关总署和美利坚合众国国土安全部海关与边境保护局关于加强知识产权边境执法合作的合作备忘录》(中、英文本)

4.《中华人民共和国海关总署与美国能源部关于合作防止非法贩运核及其他放射性物质的谅解备忘录》(中、英文本)

第三章 贸易便利化协定及双边协定框架下欧盟海关行政互助协查机制研究

一、海关国际合作的价值理念

进入21世纪以来，经济全球化、区域经济一体化进程不断加快加深，海关国际合作在多双边以及区域合作等领域面临的新问题层出不穷，如海关在推动全球供应链安全与便利、边境一体化管理等方面的职能变化等，海关国际合作面临着新的机遇和挑战。一方面，国际经贸关系的迅速发展和人员的密切往来，要求各国（地区）海关在简化海关手续、交换和共享信息与经验、相互承认监管结果和经认证的经营者（以下简称AEO)[①]资格等方面加强实质性合作。另一方面，2008年国际金融危机的"后遗症"仍然存在，恐怖主义、假冒侵权、跨国（境）有组织犯罪、固体废物非法跨境运输等全球性违法犯罪问题依然严峻。所有这些，都要求各国（地区）海关要以更大的力度开展海关间的行政和执法互助，加强在贸易安全、知识产权保护和生态环境保护等海关的非传统职能领域的国际合作，而海关国际合作又进一步推动了国际海关法的形成和发展。

（一）国际合作的概念内涵与理论基础

国际合作，是指作为参与主体的国家（地区）将自身的行动按照现实的或其所预期的其他参与主体的偏好进行调整的行为模式。[②] 国际合作具有丰富的内涵，表现在以下4个方面：第一，国际合作须有两个或两个以上的主体参与，且各主体要有一定的实力或拥有特殊专用性的资产，使其能够在一段时间内维持自身的生存；第二，国际合作不仅能带来收益，也会产生成本，收益包括信息与资源共享、自身竞争实力的增强等，成本包括签约成本、监督成本等；第

[①] 经认证的经营者制度是世界海关组织以《全球贸易安全与便利标准框架》中推广的对符合海关认证标准的经营者，包括生产商、进口商、出口商、报关行、承运商、理货人、中间商、口岸和机场、货站经营者、综合经营者、仓储业经营者和分销商，所实行的便利通关措施制度。

[②] Robert Axelrod & Robert O. Keohane, Achieving Cooperation under Anarchy: Strategies and Institutions, in Kenneth A. Oye, ed., Cooperation Under Anarchy, Princeton University Press, 1986: 226-254.

三，国际合作是分层次的，按其程度高低可分为信息交流、磋商和协调；第四，国际合作有别于单纯的具有共同利益，应从政策相互调整的意义上来定义国际合作，而不是仅将国际合作视为反映共同利益压倒冲突利益的状态。因为很多情况下即使具有共同利益，合作也会失败，尤其是在行为主体接触信息的能力存在差别时，集体行动和战略预测的障碍也会阻止他们认识到彼此之间存在的共同利益。[1]

在国际合作领域有较大影响力的理论主要有3种，即新现实主义、新自由制度主义和建构主义。

1. 新现实主义

相对获益阻止国际合作是新现实主义的总体观点。新现实主义以古典重商主义的基本理念为核心，主张扩大相对获益是世界政治经济中的个体生存和发展的依据。相对获益的观点源自对国际社会的无政府假设，即与国内社会相比，国际社会没有一个更高级别的权威机构在国际层面统一立法并依法强制执行。在无政府的国际社会中，国家（地区）之间的关系更多表现为"零和"状态，即一方所得是另一方所失。面对国际社会里充满着的各种不确定性以及相互信任的缺乏，自私自利成为各国（地区）的理性选择。而自私自利和无政府的互动使追求权力与安全成为所有政治生活的首要任务。[2] 因此，理性国家（地区）为了自身权利与安全，不仅要考虑绝对实力与绝对获益的扩大，更要关注体系内自身的相对实力与相对获益，这样就限制了国家（地区）之间开展合作的意愿。即使国家（地区）间合作已经达成，也很难长期维持，因为在合作中感到不安全的国家（地区）并不注重双方是否都能获益，而只关心谁获益更多。这种国际合作观点与经济学界"博弈论"中的"囚徒困境"模型极为相近。"囚徒困境"中的各个行为主体都是自我中心主义者，试图将本身的效用最大化，这符合新现实主义对主权国家在国际政治中行为的假设。"囚徒困境"是无论对方选择合作还是背叛，双方都决定选择背叛的博弈，是一种非合作性的博弈，因为行为主体希望通过背叛获得相对获益，即使能够短暂提供非均衡获益的合作，最终也无法维持，因为主体可以通过背叛协议从中获得相对获益。[3]

---

[1] [美] 罗伯特·基欧汉：《霸权之后——世界政治经济中的合作与纷争》，苏长和等译，上海人民出版社2001年版，第12~13页。

[2] Robert Gilpin, The Richness of Tradition of Political Realism, in Robert Keohane, ed., Neorealism and Its Critics, Columbia University Press, 1986: 305.

[3] Charles Lipson, International Cooperation in Economic and Security Affairs, World Politics, Vol. 37: 1, 1984: 1-23.

总体而言，国家（地区）对相对获益的过分关注和追求将从两个方面阻碍国际合作：第一，一国（地区）不愿意接受有利于他国（地区）的不均衡的利益分布，从而限制合作的范围；第二，对于相对获益的关注大大降低了国际合作的意愿。

2. 新自由制度主义

新自由制度主义的主要观点是绝对获益可以促进国际合作。与新现实主义不同，新自由制度主义以商业自由主义为基本假设，主张世界政治经济中的个体以绝对获益的提高为依据。作为理性主体的国家，拥有持续且稳定的偏好，依据这些偏好计算每次交易活动中的成本与收益，以实现自我效用的最大化。所以，国家更关注的是本身的获益，而不是其他伙伴是否获益、获益多少，或者伙伴获益与本国相比是多还是少。[1] 新自由制度主义将国际合作从传统的"高层政治"领域（如军事、安全）转移到"低层政治"领域（如经济）。如果相对获益在"高层政治"领域较为突出的话，则国家在"低层政治"领域中将更为注重对绝对获益的追求，因为经济领域中的相对获益对安全的影响相对较弱，故可考虑绝对获益。[2]

新自由制度主义承认，国家之间关系陷于"囚徒困境"是由于信息不对称，信息不对称为欺诈的产生创造了必要条件，欺诈也必将大大增加交易的成本。然而，这一困境是可以解决的，关键在于信息沟通和防止欺诈。研究表明，如果博弈只进行一次，合作的确难以实现，但如果能够重复，有条件的合作就会实现。首先，通过重复博弈，参与主体可以互相了解更丰富、更高质量的信息，包括现有局势、对方的行为及其原因、对方未来可能的行为等；其次，重复博弈使参与主体将短期获益与长期获益联系起来，可以避免一次博弈中为了短期获益而可能采取的背叛行为。未来报偿与当前获益相比越多，当前背叛的动机越少，因为背叛不仅得不偿失，还可能引发对方的报复。[3]

3. 建构主义

建构主义是对新现实主义和新自由制度主义的反思与批判，它使用"规范""身份""认同""文化"等一组具有社会学意义的概念去理解和解释世界政治。建构主义将国家和国际体系的互动结合起来，从国际、国内的集体身份

---

[1] Joseph Grieco, Anarchy and the Limits of Cooperation: A Realist Critique of Newest Liberal Institutionalism, International Organization, Vol. 42: 3, 1988: 485-507.

[2] Robert Jevis, Realism, Neoliberalism, and Cooperation: Understanding the Debate, International Security, Vol. 24: 1, 1999: 42-63.

[3] Robert Axelrod, The Evolution of Cooperation, Basic Books, 1984.

和规范的角度去审视国际合作。

建构主义认为，国家行为取决于国家利益，而国家利益由国家的身份决定，国际社会中国家的集体身份对于达成国际合作至关重要。集体身份的形成取决于4个主变量。一是相互依存。如果互动对一方产生的结果取决于其他各方的选择，行为主体就会处于相互依存状态。要形成集体身份，相互依存必须是客观的，而不是主观的，因为一旦集体身份存在，行为主体就会将对方的得失视为自己的得失。二是共同命运。行为主体的个体状况取决于整个群体的状况。与相互依存一样，只有当共同命运是客观条件的时候，才能够形成集体身份。三是同质性。同质性包括主观同质性和客观同质性。虽然客观同质性一定程度上影响着主观同质性，但大多数国家都希望通过积极的亲社会行为获得他国的认可，这种努力有助于创造一种"群我"意识，进而形成主观上的同质性。四是自我约束。相互依存、共同命运和同质性都是集体身份形成的基础，但不是集体身份形成的充分条件，它能否最终形成还要取决于各行为主体是否能够形成自我约束。如果集体身份能够形成，则国际合作的可能性很大（但不必然）；如果集体身份不能形成，则国际合作的可能性很小（但不必然）。①

（二）海关国际合作的必要性与可行性

海关国际合作，是指不同国家或经济体政府机关，尤其是海关部门之间就海关事务开展的多双边和区域合作。② 通过海关国际合作，有助于推动世界海关标准化发展，简化协调海关程序，提升货物供应链的安全和便利。而海关国际合作的最终目标是建立一个统一的、可供国际社会共同遵循的海关法律原则和规则体系，包括多双边、区域性海关合作机制的法律化，以及国际海关相关条约的国内法律化和各国（地区）海关法对于国际海关条约法律规则的吸收。

1. 必要性

伴随21世纪而来的，是国家与国家、地区与地区之间距离的缩小，各国（地区）政治经济互相影响和依赖，各大洲区域合作不断兴起，全球化的脚步在不断加速。在全球化的类型中，最重要的是经济全球化。经济全球化，是指世界经济活动超越地理界线，通过对外贸易、资本流动、技术转移、提供服务、相互依存、相互联系而形成的全球范围的有机经济整体。正如新自由制度理论所论述的，由于经济领域中相对获益对国家安全的影响较弱，各国（地区）更

---

① 赵长峰：《现实与理想：全球化背景下的国际合作与和谐世界》，中国社会科学出版社2011年版，第94~95页。

② 何力：《世界海关组织及法律制度研究》，法律出版社2012年版，第4页。

为关注绝对获益，故合作的开展也将是长期的。当前，全球经济陷入持续低迷的状态，贫富差距问题突出，保护主义不断升级，全球多边机制面临挑战，逆全球化趋势日益明显。在全球化处于"十字路口"的关键时刻，我们面临两种选择：一种是通过保护主义、关门主义去全球化；另一种是调整传统全球化，推进新型全球化。2016年美国学者帕拉格·康纳在《超级版图》一书中指出，以关税减让为主要特征的传统全球化，最多能推动世界经济增长5%；而以互联互通为主要特征的新型全球化，将推动世界经济增长10%～15%。① 新型全球化的主要内涵，即以平等为基础、以开放为导向、以合作为动力、以共享为原则，构建人类命运共同体，建设一个持久和平、普遍安全、共同繁荣、开放包容、清洁美丽的世界为目标的全球化发展新模式，② 体现了建构主义的基本理念。新型全球化如果要健康发展就需要建立更加有效的全球协调机制。为了尽量避免市场失灵降低世界经济运行的风险，应通过各自独立的主权国家相互合作加强国际范围内市场监管和宏观调控。我国的"一带一路"倡议是中国参与全球治理的组成部分，有助于应对保护主义给自由贸易带来的挑战，为沿线国家（地区）对冲保护主义带来的外需下降、交易壁垒增多提供了新的经贸平台，有利于推动全球自由贸易和投资发展，为区域经贸合作提供新机遇。落实"一带一路"倡议需要实施更加积极主动的开放策略，因此，实现贸易安全和便利既是中国开放型经济发展的重要保障，也是中国经济积极而深度融入全球经济的共性价值目标。虽然贸易安全与便利化涉及一国（地区）内多个部门，但以海关为主的边境或口岸管理部门是贸易安全与便利化制度的主要执行机构，是参与贸易安全与便利化合作的主要政府部门。

（1）贸易安全

世界经济一体化程度的不断深化，经济安全、生态环境安全、公共健康安全、恐怖主义、武器扩散、走私贩毒等全球性问题十分严峻，非传统安全问题开始逐渐为各国（地区）所重视，加之经济利益驱使，打击固体废物非法跨境运输、知识产权保护等海关的职责任务也愈发繁重。海关对本国（地区）的经济发展、维护企业的公平竞争、经济社会稳定起到重要作用。在这一形势下，海关国际合作面临着传统与非传统安全相互交织，承担的任务更加繁重。

---

① 辜胜阻等：《新型全球化与"一带一路"国际合作研究》，载《国际金融研究》2017年第8期。

② 胡鞍钢、王蔚：《从"逆全球化"到"新全球化"：中国角色与世界作用》，载《学术界》2017年第3期。

各国（地区）海关部门有权利也有义务严格执行本国（地区）法律，维护本国（地区）利益，但在国际相互依赖的环境下，跨国公司、私营企业等贸易实体大量存在，海关事务已经涉及不同关境管辖权范围，仅靠一国（地区）海关已无法履行其监管职能。海关之间就共同关系问题展开协商，开展国际合作实有必要。比如，跨国（境）走私和有组织犯罪日益猖獗，严重损害了社会秩序和公共安全，亟须各国（地区）依据条约或协议开展刑事司法协助，通过海关缉私部门情报交换、联合行动等合作形式，共同打击毒品、武器、濒危动植物、文物等非涉税物品走私犯罪，有利于保护国家（地区）利益和本国（地区）当事人的合法权益，实现公平和正义。又如，2001年美国"9·11"事件使国家和国土安全问题上升至全球布局，"海关供应链安全范式"[①] 由此形成，海关与商界反恐合作伙伴关系、集装箱安全倡议、自动化商业环境（ACE）、24小时提前申报规则（24-Hour Rule）等系统合作措施应运而生。海关国际合作中，以互惠为基础，发达国家也可根据实际需要向发展中国家提供能力建设援助，从而建立更深层次的相互依存关系。

（2）贸易便利

各国（地区）经贸关系的迅速发展和人员的密切往来，要求各国（地区）海关在交换和共享信息与经验、相互承认监管结果、深化行政刑事执法互助等方面加强实质性合作，然而，一国（地区）海关在推动全球贸易供应链安全与便利、边境一体化管理等方面的作用实在有限，海关国际合作面临着前所未有的机遇和挑战。

经济全球化背景下，国际贸易量正在不断攀升，但其繁荣的背后仍然面临以海关进出境监管为主的诸多阻碍。一些国家（地区）较高关税和非关税壁垒、复杂多变的外贸和海关通关管理政策以及大量"灰色清关"现象的存在，使企业无法获取正规的通关手续信息，对通关车辆限高、限宽、限重及提高清关费用等非贸易壁垒措施变相提高了通关门槛，增加了企业通关成本，直接影响了各国（地区）贸易的发展。随着国际贸易的深入发展，口岸的重要战略地位和作用被进一步放大，各国（地区）推进一站式服务、国际贸易"单一窗口"等改革，诸多境内改革叠加正在催生新型的国际监管模式，有助于整合口岸各部门职能，统一协调边境管理。如2003年美国300多个进出境口岸实现了一口对外，美国国土安全部在口岸上授权海关与边境保护局负责边境海关执法、

---

① 供应链安全管理是指采用政策、程序和技术，以保护供应链资产不受盗窃、损坏或恐怖主义侵害，并防止未经授权的走私、人员或大规模杀伤武器进入供应链。

移民管理以及质量检验检疫等，提供一站式服务。① 海关一站式服务已经在美国、加拿大、澳大利亚等国得到普遍推行。除此之外，许多国家（地区）海关也在其境内合作中推出"单一窗口"的合作模式。② 如在瑞典，企业可以通过向海关传输数据，同时完成向国家统计部门、农业部门以及贸易管理部门申报关税及增值税、货物贸易统计及进出口许可办理等事项。新加坡海关也已实现类似职能，货物收发货人向海关申报电子数据，同时完成电子数据在不同政府部门的申报及处理，且有关处理结果会自动回传给申报人。在此基础上，东盟成员国等经济体通过开展合作在区域层面设立共同监管区、形成跨境"单一窗口"，这些都对海关国际合作提出了更高的要求。因此，通过包括海关组织与程序、检验检疫程序、标准一致化、原产地规则、减少技术性贸易壁垒、加强信息沟通与交流、发展电子商务、方便商务人员流动、减少配额和许可证等海关国际合作削减非关税措施以推动贸易便利化非常必要。

2. 可行性

在全球化背景下，尽管海关国际合作不会一帆风顺，但是经过世界各国（地区）的共同努力，国际合作的深化也具有可行性，因为全球化为海关国际合作创造了许多有利的前提条件。

（1）相互依赖和共同利益

国家（地区）间合作的关键是利益，互利互惠是国家（地区）间合作的基础，但在全球化的今天，国家（地区）间合作不能再局限于一国（地区）利益的得失，必须有全球利益和人类利益的概念、相关的价值认同和信仰。③ 正如新自由制度主义所阐释的，如果我们依然局限于一国（地区）利益，则在这种合作中所获得的利益往往是局部的、短时间的利益；相反，如果我们有全球观念和人类认同，这种合作获得的往往是长远和全局的利益，不仅合作双方共赢，也使人类获益。相互依赖和共同利益使国际关系呈现出一个鲜明的特点，即双赢或多赢关系在更大程度上取代"零和"关系。在这种状态下，国际合作是达到自己目标和维护自身利益的重要手段之一。我国的"一带一路"倡议有助于构建超越传统全球化的合作平台，打造开放、包容、均衡、

---

① 维洪：《一张面孔——美国的口岸执法部门改革》，载《中国海关》2004年第2期。
② 闻学祥：《贸易便利化背景下加强海关有效监管的几点思考》，载《上海海关学院学报》2010年第3期。
③ 陈心刚：《全球治理依托于人类秩序——访复旦大学国际关系与公共事务学院林尚立教授》，载《理论参考》2007年第5期。

普惠的合作架构，推进共享型全球化，形成经济融合、文化包容的利益共同体和责任共同体。

全球化及"一带一路"倡议为海关国际合作机制的建立奠定了基础，推动国际组织特别是地区国际组织在海关手续、贸易安全与便利方面的全面深入合作与国际协调，有效降低了因人为因素产生的贸易成本，也创造了一个相对稳定的全球治理环境。在海关领域，以世界海关组织（前身为海关合作理事会）、世界贸易组织为代表的国际组织逐步构建起一套系统的国际体系与国际规范。1974年9月25日，海关合作理事会制定的《京都公约》正式生效。1999年6月26日，修订后的《京都公约》议定书及其文本在世界海关组织的年会上获得正式通过，并于2006年2月3日生效。《京都公约》是国际上唯一全面规定海关各项业务制度和做法标准的法律文件，是世界海关组织在全球范围内为实现各个国家和地区的海关制度和做法朝着高度简化、协调和统一方面发展的重要依据，也是各个国家和地区为促进和便利贸易发展而制定本国（地区）海关制度的重要标准。2005年6月，世界海关组织出台的《全球贸易安全与便利标准框架》成为世界海关发展的蓝图，该框架将"安智贸"[①]作为示范性项目，通过中欧海关之间以及海关与企业的合作，建立安全、智能、便利的国际贸易供应链，从而实现对物流的全程监控，便利守法贸易，在国际海关界和商界产生了广泛影响。世界贸易组织的目标是货物和服务贸易的自由化，世界贸易组织协议体系中现有的国际海关制度分为3类：一是国际关税制度，如《海关估价协定》《原产地规则协定》等；二是国际知识产权海关保护制度，如《与贸易有关的知识产权协定》（《TRIPS协定》）；三是国际通关制度，如《贸易便利化协定》。世界贸易组织《贸易便利化协定》于2017年2月22日正式生效，作为海关领域里程碑式的国际条约，旨在通过提高透明度和改善海关流程，使所有世界贸易组织成员之间的进出口更为高效且成本更低，从而促进全球经济增长。协定诸多条款中都体现了便利通关与边境海关互助的内容。[②] 由此可见，世界

---

① 中欧海关提出中欧安全智能贸易航线试点计划（简称"安智贸"）。2006年9月，中欧签署了《中华人民共和国海关总署和欧盟委员会海关当局会议纪要》及《关于启动中欧贸易安全智能航线试点计划的联合共识》，标志着中欧双方正式开始安智贸的合作。其核心内容包括数据交换、选取试点企业、运用共同风险规则、互认监管结果、运用智能集装箱技术。

② Wolffgang Hans-Michael and Kafeero Edward, Old Wine in New Skins: Analysis of the Trade Facilitation Agreement vis-à-vis the Revised Kyoto Convention, World Customs Journal, Vol. 8: 2, 2014: 27.

贸易组织、世界海关组织强调的自由贸易和市场开放，强化国家（地区）之间的贸易流动，可为多双边、区域海关合作提供有效指导。

（2）新技术应用与信息共享

根据前述国际合作理论，国际合作的主要障碍有3个，即信息不对称、交易成本过高和缺少制度性框架。然而，科学技术在一定程度上能够提升信息的透明度、降低交易成本并有益于制度化框架的达成。

21世纪是以信息化为标志的网络时代，随着互联网的深入应用，以移动技术为代表的普适计算、泛在网络等信息技术的创新形态正在向生产生活、经济社会发展各方面渗透，"互联网+"在这种背景下应运而生，加速了海关职能转变，也为海关合作提供了可行性条件。海关信息化建设利用现代信息科技和网络技术，实现了高效、透明、规范的电子化办公和进出口监管职能。经济社会的发展和大数据技术的普遍应用，将海关职能由偏重"自我服务型"引向"公众服务型"。"互联网+"新技术广泛应用在国际贸易商业活动、进出口通关、企业管理过程中，企业依托网络平台普遍使用以电子商务为核心的新型国际贸易模式，国际贸易的供货和结算等完整的交易过程均通过电子网络方式完成。此外，海关通关各环节信息实现了开放兼容、互联互通、信息共享，国际贸易"单一窗口"应用逐渐成熟。大数据等新技术手段将分散在国际贸易链条的进出口贸易商、货运代理企业、运输企业、报关企业、口岸管理部门的信息进行标准化、规范化，并予以整合和共享。全球供应链监管中信息技术的跨越式发展有助于重塑海关组织与管理，提高海关自身管理效能并为各国（地区）充分实现国际合作提供了有利条件。

（3）国际贸易链条各方相互协作

在海关管理层面，国际贸易链条各方协调与合作意味着加强国际贸易供应链、政府部门管理链不同主体之间的沟通互动、相互融合，即进出口贸易商、货运代理企业、报关企业、运输企业、口岸管理部门、政府部门是相互协调和战略合作的关系。协调强调的是不同主体之间跨越主体功能界限采取协调行动，而整合可以视为协调的递进层次。整合并不是简单的主体合作，而是两个或多个主体之间在行动价值层面的高度一致，为达到共同的目标而通力合作，在目标与手段两个方面相互增益。

进出口贸易商、运输企业、口岸经营企业的国际贸易信息流、数据流、资金流和物流在全链条中实现整合，并通过信息共享使企业国际贸易、进出口活动节点信息得到及时展示，关联环节积极响应、有效对接。口岸管理部门、相关政府部门以维护全链条的贸易安全与便利为目标，从顶层设计上已制定出统一的管理规则，并通过"单一窗口"等信息平台，对各方资源、流程进行全面整合，实现国际贸易链的协同管理。然而，仅仅依靠海关内部的合作远不能满足贸易安全与便利要求，也难以有效实现海关职责。当前，海关已经逐步实现职能的分离与转变，通过实施 AEO 制度与传统意义上的管理对象建立起"合作伙伴"关系，共同提供公共服务，构建了海关与企业以及其他社会资源之间的信任机制与沟通机制，并提供信息和反馈机制。这些都为各国（地区）建立一个能够适应国际发展潮流的现代化海关奠定了基础。

二、中国和欧盟海关行政互助协查机制现状

3M 海关国际合作理念是我国海关在多年国际合作实践基础上提炼形成的一种观念。3M 是"信息互换（Mutual Exchange of Information）""监管互认（Mutual Recognition of Controls）""执法互助（Mutual Assistance of Enforcement）"的英文首字母缩写。2009 年 5 月，作为中欧海关统一安排、协调管理各项合作的基础，我国海关在第二次中欧经贸高层对话和第四次中欧联合海关合作委员会会议期间首次提出 3M 理念。

（一）3M 理念的主要内容

3M 理念的主要内容包括：一是信息互换，海关之间的信息互换是开展实质性合作的基础。对于进口地海关而言，通过与出口地海关信息互换能够使其更早更全面地掌握进入关境内的货物、物品和运输工具的基本情况，并提前进行风险分析和甄别，加速了通关效率，并为事后稽查提供依据。信息互换则有利于出口地海关了解货物真实情况，便捷守法企业的通关，同时增进两地海关互信，减少由于信息不对称而产生的贸易风险或导致损害守法企业的海关措施的发生。由于各海关之间关注的重点不尽相同，所以信息互换的需求也不一致，一般包括估价、归类、原产地等电子信息交换的海关执法需求、海关发挥统计预警监测作用方面的需求等。二是监管互认，作为建立一体化海关监管制度的重要组成部分，监管互认是指进出境地海关相互承认对方的监管结果以减少重复监管和查验，降低海关的行政成本和企业的贸易成本。监管互认的实施必须满足一致的监管标准和风险管理标准，能够互换海关数据和共享情报、风险信息等特定条件，且相互承认的监管结果不应仅局限于某一特定的查验结果，还应包括为保证国际贸易链的安全与便利，适合于国际间海关合作的海关监管的其他内容和范畴，包括物流监管、企业信用、单证相符等。三是执法互助，这是深化海关间行政互助合作的有力保障。执法互助主要包括涉嫌走私、贩毒、洗钱等情报线索交换，报关单、原产地证明等单证核查，针对特定时期、特定

商品、特定运输路线和案件开展的联合执法行动，包括特别监视、在对方境内参与行政程序、协助调查等的案件协查，开展侵权案件数据交换、联合风险分析等知识产权海关保护合作等。执法互助旨在通过海关间行政互助合作，有效打击商业瞒骗和走私违法行为，维护正常贸易秩序。

3M 理念强调通过加强贸易安全与便利方面的合作，为国际贸易营造一个宽松的环境，集中体现了国际海关界现有的合作特点与主张，成为制约和影响各海关间合作层次与水平的重要因素。

（二）3M 理念在中欧海关行政互助中的实践与发展

中欧海关合作是我国海关与欧盟委员会税收与海关同盟总司以及各欧盟成员国海关当局的双边合作，也是中欧经贸合作的重要组成部分。中欧海关合作以《中华人民共和国政府与欧洲共同体关于海关事务的合作与行政互助协定》（以下简称《中欧海关协定》）为法律框架，以中欧联合海关合作委员会会议为沟通平台，从信息互换、监管互认、执法互助等角度建立促进经贸发展的中欧海关长效发展格局。我国积极参与中欧领导人会晤、中欧经贸高层对话以及中欧联合海关合作委员会等高层对话机制，以推进贸易便利化及营造有序、高效通关环境为主要目标，深入开展与欧盟及其主要成员国海关的双边合作。

近年来，中欧海关合作成果主要体现在以下 4 个方面：

一是完善对欧合作法律框架。

二是健全双边对话交流机制。中欧海关合作机制架构分为 3 层。第一层为中欧海关部级对话机制，即中欧联合海关合作委员会；第二层为指导小组，负责协调推进中欧海关各合作项目；第三层为 6 个工作组，包括知识产权工作组、"安智贸"工作组、AEO 互认工作组、打击瞒骗工作组、贸易统计工作组和固体废物监管合作工作组。

三是强化与欧盟成员国双边关系。我国与欧盟委员会税收与海关同盟总司以及欧盟成员国海关（塞浦路斯除外）建立了双边合作关系，其中与欧盟委员会以及德国、法国、意大利、荷兰、比利时、瑞典、芬兰、罗马尼亚、波兰等成员国海关建立并发展了较为密切的合作关系。德国、法国、意大利、荷兰、比利时、北欧五国以及欧盟委员会反瞒骗办公室等均在华派驻了海关或海关/警务联络官。

四是推动重点合作项目开展。我国与欧盟海关实施了"安智贸"试点项目；达成中欧海关 AEO 互认安排；签署《中欧海关知识产权保护合作行动计划》；落实《中欧海关协定》并开展了打击商业瞒骗的"蛇行动"、固体废物监管的"大地女神"行动等多次执法合作；签署中欧贸易统计数据交换合作备忘录，加强双方数据互换和比对，并拓展海关估价、归类、原产地合作。

（三）《中欧海关协定》的主要内容

《中欧海关协定》主要包括：第一部分总则（定义、领土适用、协定未来拓展）；第二部分协定范围（合作和互助的实施、其他协定所赋予的义务）；第三部分海关合作（合作范围、在海关手续方面的合作、技术合作、在国际组织中的协调）；第四部分行政互助（范围、请求的协助、主动协助、协助请求的形式和内容、请求的执行、信息传递的形式、提供协助义务的免除、信息交换与保密、专家和证人、协助费用）；第五部分最后条款（实施、联合海关合作委员会、生效和期限、作准文本）。其中，海关合作和行政互助部分条款对中欧海关开展行政互助协查的范围、内容、程序等作出规定。

在海关合作方面，本协定明确海关合作应涵盖与实施海关法规有关的一切事务，包括海关手续、技术合作等，且双方应注重在下列领域寻求合作：一是促进和确保信息的快速交换；二是促进双方海关间的有效协调；三是其他可能随时需要双方采取联合行动的行政事务。双方还承诺开发各种在海关事务方面的贸易便利化的做法，并考虑到国际组织在这一方面所做的工作。

在行政互助方面，本协定首先明确行政互助的范围：一是双方海关应通过互相提供适当信息的方式相互协助，以保证有效地实施海关法规以及防止、调查和打击违反海关法规的活动；二是海关事务的协助适用于双方相关行政当局，但该协助不得影响有关刑事互助的规定，也不得涉及通过应司法当局的请求行使权利所获得的信息；三是协定项下的协助不包括对关税、税费或罚款的追征，以及对人员的逮捕、拘留和对财产的收缴、扣留。

关于请求的协助，本协定明确了被请求当局应当提供的通报信息事项，包括：作为附件随货物申报单递交给请求方海关当局的官方文件是否真实，以及从缔约一方境内进（出）口的货物是否合法地出（进）口到缔约另一方境内。与此同时，被请求当局应当依据其国内法采取必要的措施对下列事项进行特别监视：一是有足够理由确信参与或曾经参与违反海关法行为的人；二是有理由相信将用于储存实施违反海关法行为货物的场所；三是有理由相信将用于实施违反海关法行为的货物；四是有理由相信将用于实施违反海关法行为的运输工具。

在主动协助方面，缔约双方认为在有可能对另一缔约方的经济、卫生、公共安全和重大利益造成实质性损害的情况下，应依据其国内法主动就下列事项向对方提供协助：一是确为或看似违反海关法规行为且缔约另一方可能感兴趣的活动；二是从事违反海关法规行为的新型手段和方法；三是已知的违反海关法规行为的标的货物；四是有足够理由相信参与或曾经参与违反海关法规行为的人；五是有足够理由相信已用于或可能用于违反海关法规行为的运输工具。

根据本协定规定，请求应以书面形式提出，并随附执行此项请求所需的文件。在紧急情况下，口头请求可被接受，但应立即以书面形式加以确认。

本协定明确指出，执行请求应依照被请求方境内法律法规进行。缔约一方经授权的官员，经缔约另一方同意并满足其规定条件，可赴缔约另一方管辖的特定案件调查活动现场。如果被请求方不能提供援助或不能在请求方要求的时间内提供援助，应当及时通知请求方，说明理由并附加其认为有可能对请求方有帮助的任何其他信息。

协助义务免除方面。首先，本协定规定如果缔约一方认为依照协定提供协助将可能发生下列情况，缔约一方可以拒绝提供协助或在满足一定条件或要求的情况下给予协助：一是该缔约方认为被请求提供协助可能有损于中国或欧盟成员国的主权；二是该缔约方认为可能有损于公共秩序、安全和其他基本利益，尤其在另一方无法提供个人信息对等保护的情况下；三是侵犯工业、商业或职业机密。其次，如被请求方认为提供协助将妨碍其正在进行的调查、起诉或其他程序时则可以推迟给予协助。在此情况下，被请求方应与请求方协商，以决定是否能够提供有条件的协助。此外，如请求方所寻求的协助在其自身被请求时不能向对方提供，则该请求方应在其请求书中提请对方给予注意。如何执行此项请求由被请求方自行酌定。

信息交换与保密方面。首先，本协定明确以任何形式传递的信息应依据缔约双方各自适用的规定被视为机密或受到限制，其机密性应受到在获取该信息的缔约方境内取得同类信息所应受到的相同程度的保护。未经提供信息的缔约方书面同意，获取的情报、文件和其他联系信件不得用于本协定规定以外的目的。其次，个人资料只有在可能收到此资料的缔约一方承诺至少以与可能提供资料的缔约另一方处理此资料适用的同等方式保护该资料时才可进行交换。可能提供此类信息的缔约方不应提出比其自身所管辖的信息在保密方面更苛刻的要求。再次，依据本协定获得的信息和文件在处理违反海关法规的行为的行政程序中可能被作为证据使用。因此，缔约双方可在其证据记录、报告和证词以及行政程序中将依据本协定获得的信息或查阅的文件作为证据使用。提供信息或准许查阅文件的主管当局应被告知这一情况，而且信息仅限用于本协定目的，如缔约一方希望将信息用于其他目的，应事先征得信息提供方的书面同意并受其所规定条件的约束。与此同时，被请求方的官员经授权在其授权范围内可以专家或证人的身份在另一缔约方境内参加与本协定管辖事务有关的行政程序，并出具上述程序可能需要的物件、文件或经证明的文件副本。

三、欧盟成员国海关行政互助公约的主要内容

欧盟成员国海关行政互助公约主要包括：第一章通用条款（范围、权力、各司法机构的互助关系、定义、中央协调单位、联络官、身份识别义务）；第二章应请求协助（原则、协助请求的形式和内容、信息请求、监视请求、问询调查请求、通知、作为证据使用）；第三章主动协助（原则、监视、自发信息、作为证据使用）；第四章特殊合作形式（原则、紧追、跨境监视、控制下交付、秘密调查、联合特别调查组）；第五章数据保护（交换数据过程中的数据保护）；第六章公约的解释（法院）；第七章执行和最后条款（保密性、提供协助义务的例外情况、费用、权益保留、适用区域、生效、加入、修订案）。

在成员国开展行政互助机制方面，本公约第五条明确，成员国应在其海关管理机构内指定一个中央协调单位。该单位应负责接收所有互助请求并协调互助行动，并与其他参与协助措施的机构开展合作。中央协调单位的活动不应影响成员国海关管理机构下属其他部门之间的直接合作，特别是在紧急情况下开展的直接合作。为提高效率和保证一致性，所有涉及该等直接合作的行动均应通知中央协调单位。如海关管理机构不具备或不完全具备处理某项请求的能力，则中央协调单位应将该请求转交予具备相应能力的国家主管机构，并通知请求机构已转交其请求。如因法律或实质性原因不能答应请求，则协调单位应将请求退回请求机构，并说明其不能处理该请求的原因。本公约第六条规定了联络官机制，成员国之间可达成互派固定期限或无期限联络官的协议，联络官在东道国无干涉权。联络官的职责包括：促进和加快成员国之间的信息交流；协助开展涉及其本国或其所代表成员国的调查；支持处理协助请求；指导或协助东道国筹备和开展跨境行动，以及成员国商定的任何其他职责。

在应请求协助方面，本公约明确，被请求机构应主动将协助扩大至所有与协助请求事项存在显著联系的违法情事，而无须请求机构另行发出额外请求。所有协助请求均应以书面形式提出，提出请求的同时还应一并附上执行该等请求所必需的所有文件，包括：提出请求的机构；请求采取的措施；请求的目的和理由；所涉及法律、规则和其他法规；尽量准确、全面地说明调查对象（自然人或法人）；相关事实摘要。请求方应以被请求方的一种官方语言或该机构可接受的语言提交请求。在情况紧急下应接受口头请求，但必须尽快以书面形式予以确认。如某项请求不符合形式要求，被请求机构可要求其予以更正或完善；在此期间可先行开始采取响应相关请求所必需的措施。被请求机构应同意采取特定的请求响应程序，但该程序不得与被请求成员国的法律和行政法规相冲突。

本公约特别对问询调查请求作出规定，明确一应请求机构请求，被请求机构应对构成或请求机构认为构成违法行为的行动开展或安排他人开展适当的问询调查。经请求机构和被请求机构协商一致后，请求机构指定的官员可参与问询调查，但仅限于由被请求机构下属官员开展问询调查。请求机构的官员不得主动行使应当赋予被请求机构官员的权力。请求机构应能通过中间人进入被请求机构有权进入的场所及查阅被请求机构有权查阅的文件，但该等权限仅限于计划开展的相应问询调查。本公约明确了协助取得的文件可在请求机构所在成员国作为证据使用。

在主动协助方面，本公约规定，在协助防止、侦查和起诉对其他成员国的违法行为时，各成员国的主管机构应尽可能持续或促使持续开展特别监视行动。各成员国主管机构应立即向其他相关成员国的主管机构发送所有涉及计划实施或已实施的违法行为的相关信息，特别是关于涉案货物以及实施此类违法行为的新方式和新手段等信息。

本公约明确了特殊合作形式。首先，本公约规定，在特殊情况下经被请求机构批准后，请求机构的官员可在被请求国境内开展活动，并由中央协调单位负责跨境协调和规划。当需预防、调查和起诉下列违法行为时，应允许开展特殊情况下的跨境合作：一是非法贩运毒品和精神药物、武器、弹药、爆炸物、文物、危险和有毒废物、核材料或用于制造原子、生物和/或化学武器的材料或设备（禁运物品）；二是《联合国禁止非法贩运麻醉药品和精神药物公约》表一和表二所列的用于非法制造毒品的物质（前导物质）的交易；三是旨在逃税或获得与货物进出口相关未经授权的国家补贴，且其规模和相关税收和补贴风险将对欧洲共同体（现为欧盟）或其成员国的预算造成巨大潜在财政损失的应税货物非法跨境商业交易；四是共同体或国家规则禁止的任何其他货物交易。如被请求成员国的国家法律不允许或不支持请求方所请求类型的调查，则被请求机构无义务参与本章项下所述的特殊合作形式。在此情况下，反之如属被请求成员国机构提出请求，则请求机构也应有权以上述理由拒绝参与相应类型的跨境合作。如各成员国的国家法律中有相关规定，则参与机构应向其司法机构请求批准拟议开展的调查。如主管司法机构要求以遵守特定条件和要求为前提方予批准，则参与机构应确保将在调查过程中遵守该等条件和要求。如某成员国官员在另一成员国境内开展活动并因此而造成损害，则应由损害发生地所属国根据其国家法律规定，以视为其本国官员造成的损害所应采取的同样方式赔偿上述损害。而造成损害的官员所属之成员国应全额偿还损害发生地所属国支付给受害者或其他有资格接受赔偿的个人或机构的赔偿金额。其次，本公约还明确了成员国的紧追权。如某成员国海关管理机构官员在本国境内追捕被发现正在实施可能导致引渡的违法行为或参与此类违法行为的个人，如由于情况特别紧急，无法在入境另一成员国前通知其主管机构或该等主管机构无法及时赶到现场进行追捕，则前述成员国的海关管理机构官员应获准在另一成员国境内继续追捕，而无须事先获批，但公约同时明确了紧追权的行使范围和程序。再次，本公约对跨境监视作出规定，即如某成员国的海关管理机构官员经对其本国人士仔细调查后，有重大理由相信其参与了前述特殊情况下开展跨境合作的违法行为，且另一成员国已根据协助请求授权开展跨境监视，则该等官员应有权在上述另一成员国境内继续开展监视。最后，本公约还对控制下交付、秘密调查、联合特别调查组等作出较为细化的规定。

在数据保护方面，本公约规定在交换信息时，海关管理机构应根据每起案件的具体情况考虑个人数据保护要求，并明确了一系列程序和实体性规范。如在进行任何数据发送时，均须事先经过提供信息的成员国同意。

本公约还规定了提供协助义务的例外情况，如互助可能损害相关国家的公共政策或其他基本利益，特别是涉及数据保护领域的政策或利益，或所请求的行动范围，特别是特殊合作形式的行动范围显然与涉嫌违反行为的严重性不相称，则不得强制要求相关成员国的主管机构提供该等互助。在此情况下，相关成员国可拒绝提供全部或部分协助，或要求在符合特定条件的前提下方可提供协助。

四、海关行政互助协查的实践挑战与影响因素

《海关全面深化改革总体方案》明确要深化海关国际执法合作，巩固和促进与各国（地区）海关在多双边及区域性机制下的交流合作，推动与国际海关间跨境监管程序协调以及同其他国家（地区）海关AEO互认，完善与国际海关间行政互助协查机制，在海关之间实现信息互换、监管互认、执法互助。但从当前实践来看，我国海关对外合作与各国（地区）海关需求快速增长、国际合作迅猛发展相比，仍存在诸多不适应之处。

（一）各国（地区）难以形成共同的认知，缺乏统一的法律框架

世界贸易组织、世界海关组织已出台了《贸易便利化协定》《全球贸易安全与便利标准框架》等国际性文件，但是这些文件只对贸易安全与便利的最低标准作出规定，实践中由于各国（地区）海关职能不尽相同且存在各自的政治经济利益，因此保障供应链安全与便利的标准也存在一定程度的差异，难以形成共同的认知。各国（地区）经济发展水平差异较大，既包括了经济发达的部

分西欧国家，也包括中国，以及中亚、西亚等地区的发展中国家。经济发展水平的不同不仅会导致国家（地区）对贸易便利化认识存在差异，影响其贸易便利化合作积极性，也会在基础设施质量、技术标准等方面欠缺统一性。

在国际法层面，多双边及区域海关行政互助机制虽已建立，但在具体实施中仍存在问题。由于各国（地区）国情、法律体系不同，在海关、行政、刑事等领域的法律规定并不一致，使得各国（地区）在开展信息互换、监管互认和执法互助过程中面临挑战。比如，各国（地区）在保护濒危动植物方面的法律存在较大区别，有些在我国境内禁止捕猎、交易的野生动植物，在外国域内并不受保护，一定程度上增加了管理难度。在国内法层面，口岸管理缺乏调整各边境部门关系的综合性的法律规范，分散式立法无法在供应链整合中发挥有效的顶层设计作用。

（二）信息互换合作协议规定"较为宽泛"，信息系统无法兼容对接

在海关行政互助合作协议的法律框架下，各国（地区）海关之间开展了3M领域的双边合作，其中，信息互换是合作的重要前提和基础。我国海关与其他国家（地区）开展各类信息交换互动频繁、项目丰富。我国与十余个国家（地区）、国际组织开展贸易统计数据交换，有效深化了海关国际合作，极大便利了企业快速通关。然而，我国海关开展信息交换还存在一些困难和挑战。

一方面，缺乏关于对外信息交换的统一、明确的法律依据。在国家法律层面，我国尚没有国际间开展信息交换的相关法律规定。虽然近年来我国加强了对企业商业秘密、个人隐私的保护力度，但这些规定仅散见于《中华人民共和国反不正当竞争法》《中华人民共和国网络安全法》等各种立法，且适用对象主要是市场经营者、网络运营者等私法性主体，政府在信息获取、使用、交换中具有何种权力、承担何种义务都未予以规定。美国、欧盟则对此作出了明确规定，有利于保障海关依法开展信息交换。在海关互助协议层面，信息交换的规定较为宽泛，缺乏一定操作性。一般而言，合作协议仅对情报交换的项目、请求的形式和内容、保密、经验交流等内容作出原则性规定，在执行过程中具体交换内容、交换方式等都缺乏明确依据。另一方面，各国家（地区）信息格式不统一，无法实现自动化交换。国际贸易供应链以及管理链上的信息管理系统无法兼容、技术标准不统一使得不同国家（地区）的信息无法直接通过自动化形式交换，各环节信息不能全面有效共享，必须通过人工方式进行交换或者对数据项目和格式进行对接、转换。相应地，国内口岸管理部门之间公共平台信息共享度较低，许可证件数据联网监管程度不高也在一定程度上阻碍了国际间的海关信息交换。

(三) 监管互认程序烦琐冗长，各国（地区）有效私法协调欠缺

监管互认以减少重复性查验等监管环节、提高通关效率为着眼点，以双方海关统一执法标准和作业程序为基本前提，属于双边海关合作中层次较高的一种形式，为世界贸易组织、世界海关组织等国际组织所广泛倡导。然而，通常监管互认需要双方海关具有较为成熟的合作基础，故具有一定的难度和挑战。监管互认的主要形式有AEO互认等。

在AEO互认方面，由于各国（地区）AEO制度关于企业的适用范围、优惠措施等存在差异，使得国际间互认程序较为烦琐，时间较长。两国（地区）海关如要实施AEO互认，需要对双方相关法律规范和政策标准进行详细比对，评估两国（地区）海关是否具有对等的控制能力和安全水平、海关之间实施AEO制度互认时信息数据是否可以及时交换等。比如，欧盟基于互惠原则授予境外经营者此种优惠待遇。《欧盟海关法典》明确，如果在欧盟关境外的国家和地区设立的主体满足并遵守该国和地区有关法律所规定的条件和义务，并且欧盟承认这些条件和义务与欧盟关境内设立的AEO的条件和义务相当，则海关应当授予这些主体经认证的经营者的优惠待遇。由此可见，我国企业如要享受欧盟通关便利优惠，则需在满足我国AEO标准基础上符合欧盟的要求，只有在这样的前提下，AEO制度带来的安全、便利等优惠措施才能够被充分享受。而且，由于AEO互认主要是由各国（地区）对本国（地区）境内的进出口企业进行认证，再通过各国（地区）海关间相互承认对方认证结果来实现物流全过程的监管，各国（地区）海关认证能力和管理范围的限制以及企业管理水平的差异，必然会出现各国（地区）之间相互承认的实际认证企业规模的不对等。如欧盟成员等经济较发达国家管理水平高、认证能力强、企业规模大，其得到认证的企业数量必然会大大超过其他国家（地区），这些欧盟国家的企业所享受到的好处自然也就更多。

(四) 执法互助规定缺乏可操作性，各国（地区）法律差异容易产生执法壁垒

执法互助主要包括情报交换、案件协查和联合行动等合作方式，作为各国（地区）海关之间互助协议的重要组成部分，在打击违反海关法以及跨境有组织犯罪等方面发挥了积极作用。我国海关通过与其他国家（地区）开展执法互助，打击商业瞒骗，案值巨大，取得了较为突出的成果。如与阿联酋、印度等海关开展专项行动，查获多起人体藏毒案件，有力打击了西非走私集团对华走私活动；与亚太地区成员合作，发起打击消耗臭氧物质及危险废物走私的"补天行动"，赢得了"亚洲环境执法奖"。就中欧海关协查合作而言，在协查机制

上，部分欧盟海关在我国派驻海关专员及中文助理，如欧盟反瞒骗办公室（OLAF）、德国、法国、荷兰驻华海关专员长期以来与我国海关就协查事宜通过电话或会面定期沟通，有助于增进互信，但囿于人力资源等限制，部分国家和地区海关无法直接与我国海关对接，需间接通过驻华使馆或我国驻外使馆进行联系，降低了合作的时效性和有效性。

根据各国（地区）海关行政互助协议，各国（地区）对执法请求的基本事项、执行程序等作出基本规定，但在实践中仍存在不少问题。执法互助的形式和内容较为广泛，包括情报交换、案件协查、知识产权海关保护合作、原产地与单证核查等，各种形式项下开展合作的范围、主体、对象都有所不同，对此需要通过各级规范逐一明确。然而，这些互助协议都较为原则、概括，无法针对某一执法事项规定具体内容。通常来说，任何依照请求所提供的协助都不应违背被请求方的现行法律规定，而各国（地区）法律体系和内容千差万别，被请求方很有可能基于维护其国（地区）内企业利益考量而不给予请求方协助，较易产生执法壁垒。

五、海关行政互助协查机制完善构想

面对新时期世界经济贸易变化和我国外经贸发展所面临的新情况、新趋势，我国海关应当制定新的发展战略，并在提高我国开放型经济水平和质量的过程中发挥更有效的作用。

（一）以"三智"理念为核心，加强海关合作顶层设计

为应对新一轮科学技术变革，适应国际贸易新业态、新模式，我国海关推出了以海关建设智能化为核心的"智慧海关、智能边境、智享联通"（简称"三智"）国际合作理念。我国海关应充分对接国家整体发展战略，以"三智"理念为核心，加强海关合作顶层设计，建立统一的"1+3"对外合作模式，即"一个法律机制"和"三个重点领域"。"一个法律机制"是指以双方或多方签署的自贸协定或海关互助合作协定为基础，形成的一套海关间开展合作的法律体系。"三个重点领域"是指各海关应围绕"智慧海关、智能边境、智享联通"三个领域按照统一、规范的原则、程序和标准进行合作。具体而言，"智慧海关"聚焦基础设施、行政管理和海关监管智能化；"智能边境"聚焦边境监管手段、边境协同监管和边境跨境合作智能；"智享联通"聚焦海关网络智能互联、海关治理智能对接和全球供应链智能合作。三者体现智能化水平和应用范围逐步提升的过程，相互之间呈现分阶段发展的递进关系，智慧海关是基础，智能边境是延伸，智享联通是愿景，三者构成点、

线、面的合作格局。

法律机制是确保海关合作有效运行的重要保障，只有各方接受和实施共同规则，寻求整合、互通、开放的共同发展方向，才能确保和促进货物在安全的国际贸易供应链中顺畅流动。国际上，世界贸易组织《贸易便利化协定》、世界海关组织《全球贸易安全与便利标准框架》是获得大多数国家（地区）海关和商界认可的保障全球安全和便利的共同规则。我国海关亦应结合海关管理实际情况，将国际规则中的先进理念和制度标准纳入海关互助合作协定的基础法律框架中，明确海关在供应链监管中的具体职能和责任，并在互助协定下根据成员方现实需求与核心利益制定重要环节的特别议定书，如《上海合作组织成员国海关能源监管信息交换议定书》《中哈海关关于统计合作的议定书》等。在寻求合作伙伴时，应着眼于区域各国不同贸易互补优势，针对不同国家、不同商品，建立以商品为单元、以国别为辅助的差别化、特色化监管制度。在订立合作协议时，应当坚持统筹兼顾、试点先行的原则。对于协调难度小、成熟快的合作项目，应尽早全面推开；对于分歧较大又有重要意义的项目，则可以选择自贸试验区等试点区域开展。与此同时，将国际法框架内所确立的规则加以细化纳入国内法体系，以便具体执行落实。此外，为确保海关合作法律机制的实施，海关之间应当建立长期稳定的工作保障机制，包括海关总署国际合作领导小组机制、外事工作会议机制、国际合作评估机制等，为更好地推动海关国际合作工作的开展提供服务。

（二）建立信息交换法律体系，推进沿线国家（地区）信息网络共享化

海关间进行信息与数据互换合作旨在确保海关程序及其执行具有确定性、一致性及透明性。海关总署作为国务院的直属机构，是国家进出境监督管理机关，承担国际海关合作职责，根据国际条约法有权以部门名义与其他国家（地区）海关签订条约。

首先，应当建立一套规范完整的信息交换法律体系。一是通过修订《中华人民共和国海关法》，授予海关开展国际间对外信息交换的权限，并参照世界贸易组织、世界海关组织有关规定明确信息交换范围、交换形式、保密措施等基础事项，确保海关国际合作依法开展；二是在签订行政互助协议时根据合作需求细化双方权利义务，对双方行使权利与履行义务的范围、条件、期限、义务免除等内容作出进一步规定，保证协议的执行效果。我国开展信息交换合作应当对接"一带一路"倡议，结合我国实际情况确定重点合作国家（地区），并按照不同合作需求建立几个主要的信息交换标准法律框架，确立差异化合作模式。

其次，着眼于建立贸易信息互通机制，推进丝绸之路经济带信息网络共享化。第一，在国家层面建立丝绸之路经济带跨部门协调委员会，整合各部门在推进"一带一路"建设中的权责信息，搭建不同部门资源共享的公共信息平台。作为国家战略信息系统，"单一窗口"是实现贸易便利化的重要而关键的基础工程，它通过建立贸易商和政府机构之间、政府机构与政府机构之间贸易信息交换的"单一"公共平台，实现贸易监管的简化、协调与高效。国际贸易"单一窗口"的运行需要对电子数据和信息进行收集、存储和发送，因此要有一个完备的法律框架确保电子数据和信息交换的透明、规范和安全。针对长期以来口岸各执法部门执法依据自成体系、各自推进、相互交叉的局面，建议在人大立法层面研究制定一部统筹口岸综合管理的法律，并以立法的形式确定"单一窗口"涉及的口岸综合管理的目标、原则、措施，明确口岸各部门的职责以及在"单一窗口"建设工作中的权利与义务，为"单一窗口"建设提供法律保障。同时，建议国务院法制部门牵头，由承担推进"单一窗口"建设的主责部门具体负责，尽快对口岸各部门现行的关于办理进出口手续的各类部门行政规章、制度规范、作业流程进行一次全面的梳理，削减存在相互冲突、矛盾或重复的规定，简化通关手续，提高通关效率。具体而言，在现有《中华人民共和国电子签名法》《中华人民共和国海关法》的基础上，需要进一步出台"电子交易法""国际贸易'单一窗口'管理办法"等法律法规以解决国内及跨境贸易电子数据交换和电子数据收集的法定授权问题。第二，依托国内公共信息平台建设，推动搭建"一带一路"沿线国家（地区）信息互通平台。在各国（地区）海关政策协调、沟通机制及互助协议法律框架的基础上，构建海关信息共享机制，加强各国（地区）海关关于企业资信状况、贸易统计、外贸政策调整状况等信息共享，为海关执法提供信息参考。

（三）科学规划监管互认战略，实现协调边境管理

AEO 制度包含了海关与海关之间合作、海关与企业的合作等方面的内容，在提高海关管理效能、加强企业受惠程度方面还有很大的挖掘空间。虽然已有多个国家或地区实施了 AEO 制度，但各国（地区）海关因为各自企业的利益，要实现 AEO 认证的相互承认，就必须科学规划我国 AEO 国际互认整体战略。

一般而言，达成 AEO 的相互承认通常有"相互承认协议"和"相互承认安排"（以海关合作备忘录形式呈现，不具有强制力）两种法律形式，对 AEO 相互承认的评估、监管、实施、互惠利益等作出具体规定。而在签订互认正式文件前，海关之间必须对双方海关立法和政策执行开展详细比较和分析，开展实地联合评估增进互信，并就 AEO 互认机制构建一套完整的法律体系。为了使我国的 AEO 互认机制能够有效运行，必须对现行的 AEO 制度进行完善。首先，借鉴欧盟等成熟实践经验，完善 AEO 制度法律法规，不断提高海关法体系实施 AEO 制度的适应性。积极践行世界海关组织关于海关与商界伙伴关系建立的基本要求，落实以企业为单元的风险管理理念，提高企业管理水平，同时建立一个覆盖海关各个监管环节的风险管理信息平台。其次，海关应积极参与社会信用体系的建设，拓宽企业信用管理信息的来源，使 AEO 企业信用管理逐步融入国家社会信用体系建设，建议海关与公安、税务、银行、工商、质检等有关部门建立信息共享机制。

作为监管互认的一种理想形式，国际上强调通过边境合作以实现协调边境管理。如世界贸易组织在《贸易便利化协定》中明确，各成员应确保其负责边境管制和货物进口、出口及过境程序的主管机关和机构相互合作并协调行动。成员应在可能和可行的范围内，与拥有共同边界的其他成员根据共同议定的条款进行合作，以期协调跨境程序，便利跨境贸易。此类合作和协调可包括：工作日和工作时间的协调、程序和手续的协调、共用设施的建设与共享、联合监管、一站式边境监管站的设立。其中，一站式边境监管站是便利跨境的有效工具。一站式边境监管站的成员通常包括几个相邻国家，由海关、检验检疫、移民局等几个不同的口岸管理机构组成。

（四）明确执法互助规定，建立海关间常态化合作机制

执法互助包括案件协查、知识产权海关保护合作、原产地与单证核查等，各种形式项下开展合作的范围、主体、对象都有所不同，故应当对各领域的执法合作进行专门规定。为促进执法信息交流，共同推动货物估价、归类、原产地资料交换、核查等工作，海关之间应建立原产地技术、税则归类小组合作机制。一是在合作机制框架内建立贸易动态管理数据库，共同开展贸易监控分析，针对重点领域、环节和商品进行执法配合；二是组织专家小组定期交流原产地及税则归类管理中存在的问题，并对产品原产地认定等方面的疑难案例和纠纷等进行讨论和商定；三是加强货物估价、归类、原产地数据交换及协查配合，并为对方开展的原产地核查提供支持。

此外，由于各国（地区）的法律制度不尽相同，在走私罪的定义、定罪标准、具体罪名和量刑等方面也存在一定差异，且各国（地区）海关承担的基本职能和价值目标有所不同，因此，在刑事司法合作中较易产生法律冲突。为此，应当建立沿线国家（地区）海关常态化执法互助机制，以自贸试验区海关为试点，开展缉私执法合作。首先，应在双方海关缉私部门间建立起联系沟通渠道，相互了解对方海关走私相关法律制度，协调走私法律冲突。同时，为了有效地搜集传递和分析情报，应建立走私犯罪信息网络中心，共建情报信息交流平台并探索建立类似于申根信息系统（SIS）的情报交流平台。其次，在互助合作协议框架内订立海关间共同打击犯罪及司法互助的协议，内容包括管辖权归属、调查取证、协助对方追缴犯罪收益、缉捕遣送走私嫌犯、案卷及证据材料的移交规则和程序等。走私犯罪案件的突发性和时效性强，除在协议的基础上开展常规性司法协作之外，还必须建立起突发性重大走私案件协作应急处置机制，通过联络机构或联络员，完成快速高效处置。在协议框架内构建缉私部门间"控制下交付"的合作机制。加强进出境及过境货物的严格监管，建议试点开展打击农产品、冻品、毒品、濒危动植物等重点商品走私及偷逃税走私的联合专项行动，待合作成熟后再逐渐扩大运用于执法合作的其他领域。

第四章 贸易便利化协定及双边协定框架下日本海关行政互助协查机制研究

一、日本海关简况研究

日本一般称海关为"税关"。日本海关主要负责征收国内消费税和关税、进出口货物清关、打击走私以及管理保税区,总部为日本海关及关税局,隶属于财政部。①《海关法》(CUSTOMS LAW)、《海关关税法》(CUSTOMS TARIFF LAW)及《临时关税法》(TEMPORARY TARIFF LAW)是日本海关关税政策与行政管理的基本法律条文。

(一)日本海关三大主要职能②

海港和机场是支撑日本工业和生活方式的贸易门户,日本海关关区主要设立在海关和机场等贸易活动活跃区域的"最前沿"。

1. 合理征税

征收进口关税、消费税和进口货物应纳的其他国内税。以上由海关征收的税款每年约5万亿日元,占日本年度税收的10%。

2. 确保社会安全

对货物流动进行监管,防止有害物品走私进入日本。海关通过防止麻醉品、火器和其他违禁品走私来确保社会安全。

3. 促进贸易便利

促进贸易便利,协调国际贸易手续,促进世界经济增长和人民生活水平的提高。

(二)日本海关组织架构及部门职责

1. 海关及关税局组织架构及部门职责③

海关及关税局组织架构④如下:

日本海关及关税局设1名局长、2名副局长,下设6个处(协调处、人教

---

① 资料来源:日本海关及关税局官网。
② 资料来源:日本海关及关税局官网。
③ 资料来源:日本海关及关税局官网。
④ 详细可参见日本海关及关税局官网。

处、关政政策与法律处、执法处、海关通关处以及事后稽查、调查与情报处)、4 个办公室(信息管理办公室、地方海关监察办公室、海关管理研究办公室、经济伙伴关系办公室)和 2 名顾问(国际组织顾问、国际事务与研究顾问)。各处处长、各办公室主任和 2 名顾问分管与海关行政管理和关税政策有关的所有事务。①

海关及关税局主要职责如下:

(1) 对海关关税、吨位税、特别吨位税和其他海关管理事项进行研究和规划(包括与其他国家/共同体/地区谈签关税协定);

(2) 决定与关税和其他税项的征收及与征收有关的事项,例如吨位税和特别吨位税,以及对国际货运征收的消费税;

(3) 依照海关有关法律法规的规定,对有关进出口货物、船舶、飞机、旅客进行监管控制的事项;

(4) 保税区监管等与海关业务有关的事项;

(5) 对报关行报关员发放报关许可,并对其进行监督管理有关的事项;

(6) 对日本自动化货物报关系统中心(NACCS)涉及的海运和空运过程进行管理的事项;

(7) 与贸易统计(编制海关统计数据)有关的事项;

(8) 与海关关员的教育和培训有关的事项;

(9) 与为"海关、关税、外汇和其他交易理事会"提供一般支持有关的事项。

2. 地方海关组织架构及部门职责②

日本全国被划分为东京、横滨、神户、大阪、名古屋、门司、长崎、函馆、冲绳 9 个关区(AREA)。各关区总部为总关(CUSTOMS HOUSE),下辖若干分关(BRANCH OFFICE)及防卫站(GUARD POST)。2020 财年日本海关关员人数为 9 826 人。

(1) 总关

总部长官将大部分职权授予分关主管处理地区事务。除冲绳关区外,各总关下设 4 个处,即协调处,执法处,通关处,事后稽查、调查与情报处。

(2) 分关、支关以及防卫站

为了委托部分海关服务(含冲绳关,以下相同),总关在部分辖区设立分

---

① 资料来源:中华人民共和国海关总署官网。
② 资料来源:日本海关及关税局官网。

关、支关以及防卫站。

分关：截至 2019 年 7 月，日本全国各地共有 68 个分关。这为海关总部以外地区的海关服务提供了便利。

支关：截至 2019 年 7 月，日本全国各地共有 104 个支关。在对海关业务需求比较大的地区，分关又细分为支关。尽管海关与关税局局长授予分关主管的权力要大于支关主管的权力，但实际上时至今日两者权力已接近相同。这提高了海关服务的便利性和效率。

防卫站：截至 2019 年 7 月，日本全国各地共有 10 个防卫站。其部门职责在于保护和监管内陆港口的船舶入境，货物的运输、接收、装卸。近些年来由于防卫站附近区域对海关服务的需求增加，因此除监视和监管工作外，大多数防卫站还负责海关清关业务。

（三）日本海关历史发展沿革①

1. 第一批友好通商条约的签订

1858 年，日本与美国签署《日美友好通商条约》，成为江户幕府同首届美国驻日总领事缔结的第一个承认贸易自由和通商开国的条约。随后，日本与荷兰、俄国、英国和法国签订类似友好通商条约，条约规定日本应开放除《日美友好通商条约》中规定的港口以外的其他 4 个港口，确立域外管辖权和进出口关税等条款。1866 年，日本接受与上述国家友好通商条约的修订版，日本政府将关税降低到从价统一税率 5%。如此低的关税率严重影响了日本经济发展。因此，明治维新时期的内阁政府连续参与了关税自主权的恢复。

2. 近代日本海关的建立

根据通商条约，函馆、长崎、横滨、兵库、大阪和新潟的港口已开放国际贸易，日本在这些港口城市建立了海关。1872 年，日本船务署改为"海关"，近代海关在日本建立。19 世纪 90 年代，日本海关重新制定了与海关管理相关的法律法规，其中包括日本《海关法》和《海关关税法》。同时，日本政府成立了一个新的海关组织，该组织由 1 个海关秘书处、1 个海关司局和 6 个科室组成，海关员工人数为 1 240，这实际上为现今日本海关总署的建立奠定了基础。1911 年，日本完全恢复了关税自主权，助力其海关体系逐渐得以巩固，每个港口城市设立的海关均由日本财政部直接管辖。

3. 近代日本海关的发展

从大正时代到昭和初期（1912 年至 1930 年），日本的经济和贸易经历了不

---

① 资料来源：日本海关及关税局官网。

断发展的现代化进程。随着经济和工业的发展，日本海关的组织和职能得到进一步扩大和巩固，迎来了全面发展的新时期。值得一提的是，加藤内阁于 1924 年开展了一项行政改组举措，将港口和港口行政管理的全部职责纳入海关，使得海关系统被完全改组，将地方港口部门和植物检疫办公室（以前分别由日本内政部和农业商务部管辖）全部移交给海关。这导致了日本海关服务职能的扩展，使日本海关全面负责与港口管理有关的所有事务。

4. 保护主义政策与战争——近代日本海关的"停摆"

从 1931 年左右开始，国际贸易越来越多地受到包括关税壁垒在内的贸易保护主义政策的影响。受第二次世界大战等因素影响，日本的对外贸易下降。1941 年 12 月太平洋战争爆发后，日本对外贸易主要限于南亚和伪满洲国。由于航运受到国家控制，海关逐渐失去了其设立目的与作用。1943 年，在日本军事当局的要求下，日本海关停止运作，其人员和设施由日本海事运输局负责管理。

5. 日本海关的恢复

1946 年，根据《关于日本海关制度的备忘录》规定，日本财政部（财务省）再次负责所有海关事务。1946 年 6 月 1 日，日本海关开始恢复和建立 6 个总关、35 个分关、45 个支关和 68 个防卫站，在编人员数为 1 779。

6. 新日本海关与国际合作

随着经济恢复增长，日本重新步入国际社会。1955 年，日本加入《关税及贸易总协定》，进一步推动了本国对外贸易的发展。1961 年，日本对本国关税税率进行了全面审查，旨在将来实现贸易便利自由化，并引入了海关合作理事会发布的《海关税则归类目录公约》（CCCN）作为关税归类制度的参考框架。1964 年 6 月 15 日，日本成为海关合作理事会成员。随后在 1966 年，日本正式加入了海关合作理事会的《海关税则归类目录公约》。此后，日本的关税归类制度已完全按照《海关税则归类目录公约》进行更新。1972 年，日本加入海关合作理事会海关估价公约，对海关合作理事会的所有基本公约作出了履行承诺。此外，日本在 1973 年至 1979 年年底举行的多边贸易谈判东京回合中，达成了有关降低关税和采取非关税措施的各种协议。1983 年 6 月，《商品名称及编码协调制度国际公约》（HS 国际公约）通过，并于 1988 年 1 月生效，日本于同年 3 月退出了《海关税则归类目录公约》。日本海关的历史表明，一个国家的海关职能不再能够独自发挥作用，而是可以通过海关国际合作更加充分地发挥作用。

二、贸易便利化协定及双边协定框架下日本海关行政互助协查机制研究

(一) 日本海关行政互助协查机制概述

日本海关行政互助协查机制始于 1997 年 6 月生效的《日本—美国海关合作与互助协定》。截至 2020 年 10 月底，日本海关共与 25 个国家/共同体/地区开展双边海关行政互助与合作。其中，日本海关行政互助协查文件分为政府间双边协议、海关当局间协助与合作安排、其他协查文件 3 种类型，分别涉及 14 个国家、9 个共同体、1 个地区。

从发展历程上看，虽然日本第一个海关行政互助协查文件签订并实施于 1997 年，但是其真正发展却是在 2000 年以后。进入 21 世纪以来，日本海关行政互助协查文件经历了一个快速发展时期，互助国家/共同体/地区由 2000 年的仅有美国，增加至 2020 年的 25 个。其发展速度在 21 世纪的前十年尤其迅速。

从空间区域上看，总体上日本海关行政互助协查文件涉及的互助协查国家/共同体/地区涵盖欧洲、东亚、北美、非洲、大洋洲等区域，数量上以欧洲与东亚居多。2000 年以前，互助协查重点对象所在区域位于北美；2001—2010 年，互助协查重点对象所在区域已转向东亚、欧洲；2011—2020 年，互助协查重点对象所在区域主要为欧洲，其他区域对象比重逐步下降。

(二) 日本海关行政互助协查内容与特点[①]

由于目前并不存在国际上关于双边海关互助协定的公认范本，不同国家之间签订的海关相关合作协定可以根据具体交涉内容有不同规定。日本海关行政互助协查文件分为政府间双边协议、海关当局间协助与合作安排、其他协查文件 3 种类型，呈现出不同内容与特点。

以政府间双边协议中《日本—中国海关互助与合作协定》为例，该协定包含定义、协定范围、信息交换、请求的协助、特别监视、请求的形式和内容、请求的执行、信息使用、保密、协定的免除、技术合作、费用、协定的实施等方面。在定义条款中，协定强调"违反海关法行为"系指任何既遂或未遂的违反海关法的行为，包括商业瞒骗、走私货物或对环境或健康有害的物质、麻醉品、武器、弹药、具有历史、文化和考古价值的文物、濒危动植物及侵犯知识产权的行为，体现中日两国海关对打击走私、维护知识产权方面的行政互助协查合作的重视，与双边贸易商品结构、发展形势、面临的挑战等因素密不可分。

[①] 杨敬敏：《日本双边海关合作发展历程及实践经验》，载《海关与经贸研究》2019 年第 5 期。

在技术合作方面，协定提出："双方海关当局应在海关互利事务方面在共同的权限及现有资源范围内相互提供技术合作，包括加强海关专家之间的观点交流，以促进对彼此海关法、海关制度和技术的了解；提高海关关员专门技能的培训和协助，包括人员交流；加强与海关法和海关制度有关的专业、科学和技术数据的交流；加强新的海关制度和新的执法设备技术的研究、开发和实验方面的合作。"

第五章 贸易便利化协定及双边协定框架下金砖国家海关行政互助协查机制研究

近年来,以金砖国家(BRICS)为代表的新兴经济体迅速崛起,成为推动世界经济增长的重要力量。在其概念上,金砖国家也常被称为"金砖五国"[①],指巴西、俄罗斯、印度、中国、南非5个主要新兴市场国家。从其发展历程来说,巴西、俄罗斯、印度和中国四国外长于2006年在联合国大会期间举行首次会晤,开启金砖国家合作序幕。2009年6月,金砖国家领导人在俄罗斯叶卡捷琳堡举行首次会晤,推动金砖合作升级至峰会层次。从其历程来说,"金砖五国"是由"金砖四国"的概念演化而来的。2011年,南非正式加入金砖国家,金砖国家扩为五国,英文名称定为"BRICS"。2017年,中国成功主办金砖国家领导人厦门会晤。五国领导人一致决定发展更紧密、更广泛、更全面的战略伙伴关系,巩固经贸财金、政治安全、人文交流"三轮驱动"合作框架,确立"金砖+"合作理念,开启了金砖国家合作第二个"金色十年"。2022年,中国接任金砖国家主席国,于2022年6月主办金砖国家领导人第十四次会晤。金砖国家机制成立16年来,合作基础日益夯实,领域逐渐拓展,已经形成以领导人会晤为引领,以外长会晤、安全事务高级代表会议等为支撑,在经贸、财金、科技、农业、文化、教育、卫生、智库、友城等数十个领域开展务实合作的全方位、多层次架构。随着五国国力不断增强,金砖国家合作走深走实,合作影响力已经超越五国范畴,成为促进世界经济增长、完善全球治理、推动国际关系民主化的建设性力量。

近年来,金砖国家机制的影响力和吸引力持续提升。五国坚持公平正义,积极推动全球治理体系改革,就国际和地区热点问题发出金砖声音,不仅有力提升了新兴市场国家和发展中国家国际话语权,也成为推动南南合作的重要平台。金砖国家合作得到发展中国家广泛认可,在联合国、二十国集团、世界银行、国际货币基金组织等多边机制中的地位和作用不断提升。随着国际贸易的

---

① 2024年1月1日,沙特阿拉伯、埃及、阿联酋、伊朗、埃塞俄比亚成为金砖国家正式成员,"金砖五国"扩充为"金砖十国"。在官方表述变更之前,本文沿用"金砖五国"通用称谓。

不断发展，金砖国家在世界范围所发挥的影响力越来越高。以电子商务为例，金砖国家已成为全球电子商务市场的重要力量。根据阿里研究院发布的报告，2017年金砖国家网民数合计超过14.5亿人，占全球网民的41.9%；网络购物用户数合计超过8.4亿人，占全球网购用户的50.8%；网络零售交易额11 851亿美元，占全球网络零售总额的51.8%；跨境网络零售交易额1 296亿美元，占全球跨境网络零售总额的24.5%。① 与贸易方面的发展进程相一致，按照《贸易便利化协定》的要求，金砖五国在五国多边层面，以及五国内部双边层面也制定了大量的多边及双边协定落实海关行政互助协查及合作机制。

中国是2022年金砖国家主席国，已成功主办金砖家领导人第十四次会晤。自2006年建立以来，金砖国家合作机制已经走过了16年的光辉历程。在五国的共同努力下，金砖国家政治互信不断增强，务实合作不断深化，人文交流日益密切，取得了一系列开创性合作成果，为促进世界经济增长，推动全球治理体系变革，维护国际和平稳定做出重要贡献。事实证明，金砖合作顺应了世界多极化和经济全球化的历史趋势，顺应了国际秩序朝更加公正合理方向发展的时代潮流，符合国际社会共同利益。正因为如此，金砖合作得到各国（地区）特别是新兴市场和发展中国家的广泛认同和支持，成为国际事务中一支积极、稳定、建设性力量。

作为2022年金砖国家主席国，我国以金砖国家领导人第十四次会晤为契机，弘扬开放包容、合作共赢的金砖精神，加强各领域务实合作，携手踏上金砖合作新征程。

一、《贸易便利化协定》对海关行政互助协查的相应要求

作为世界贸易组织主导制定的重要协定，《贸易便利化协定》与海关执法工作存在密切的关联。2013年12月9日，世界贸易组织第九届部长级会议正式通过了《贸易便利化协定》。2015年9月4日，中国接受《贸易便利化协定》。2017年2月，卢旺达等4国向世界贸易组织递交了协定批准文件。② 协定批准成员个数超过世界贸易组织成员总数的三分之二，协定正式生效并对已批准协定的成员正式实施，成为世界贸易组织"规则制定的里程碑"。2017年2月22

---

① 参见付丽、曾英：《金砖五国电子商务领域合作研究》，载《国际贸易》2019年第11期。

② Wang H. The Agreement on Trade Facilitation and its Implications: An Interpretative Perspective. Asian Journal of WTO & International Health Law & Policy, Vol. 9, 2015: 447.

日,《贸易便利化协定》正式生效。《贸易便利化协定》生效后,开始进行履约筹备阶段,自接受之日起,中国国内法根据协定义务作出修改和完善,对不符合协定要求的国内法律法规特别是海关相关立法进行修改,同时为了更好履行协定增添了新的内容。中国已经通过了该协定,在享受《贸易便利化协定》全球红利的同时,需要身体力行积极履行协定义务。《贸易便利化协定》是多哈回合达成的首个多边货物贸易协定,所包含的12项条款中,90%与海关直接相关。

首先,从《贸易便利化协定》文本角度来看,贸易便利化主要针对国际贸易中的货物贸易。它有两层含义:一是"贸易便利化"中的"贸易"指的是国际贸易,而非国内贸易,是跨越国界或者独立的;虽然"贸易便利化"本身并不包含"国际"一词,但是归纳贸易便利化的各种具体措施,针对的皆非国内贸易,这种"国际性"是应然之意。二是这种国际贸易主要针对的是国际"货物贸易",不包括服务贸易和技术贸易。之所以将贸易便利化范围局限在"货物贸易"之内,是由于贸易便利化涉及的是商品的流通和结关程序等,这些都是针对有形商品而言。由此,基本将服务贸易、技术贸易等排除在贸易便利化范畴之外。

其次,贸易便利化是由国际法主导和实施的。具体到某一国家(地区)的贸易便利化措施,是由其政府主导或者实施的,即一国(地区)政府为促进国际货物流通而采取的立法、执法、司法等一切消除贸易阻滞的措施,包含一国(地区)政府的进出口、过境政策以及其他行政行为。总而言之,贸易便利化措施是由国际组织或区域性组织主导或实施的,将企业和个人排除在外。

再次,"贸易便利化"侧重于"程序性"问题。前文国际组织对"贸易便利化"的定义可以总结为:世界贸易组织和联合国贸易与发展会议均将贸易便利化认定为针对国际货物贸易涉及的"程序"的措施,经济合作与发展组织认为其是推动国际货物由卖方向买方流动的"重要程序",亚太经合组织认为贸易便利化的重要目的就是协调有关"贸易程序"。可以发现,上述国际组织虽对贸易便利化的定义各有侧重,但均认为贸易便利化措施针对的是国际贸易"程序",是关于优化和简化国际贸易中"程序性"事项的措施,其最重要的目标就是简化贸易程序,提高效率。

最后,从内容上看,提高效率是核心,辅之以提高透明度、降低规费。各国际组织从自己的职能出发,贸易便利化定义和措施各有侧重,归纳起来,其中最重要的目标就是提高国际贸易效率,通过简化程序,加快货物流通速度。提高效率是所有贸易便利化措施的核心追求。在此方面,海关领域的主要发力点是各种执法程序。对于国际贸易而言，边境程序现代化是提高通关效率的重要因素，《贸易便利化协定》则提出建立"单一窗口"，允许贸易商在单一接入点提交所有文件；允许在税费支付前办理货物放行手续；使用风险管理将海关控制集中在高风险货物上；抵达前处理允许进口商在货物抵达前进行货物申报或者预算清关；在货物清关中使用电子支付方式或电子文档方式。

《贸易便利化协定》的制定，就是为了各成员方普遍遵守一定的义务，形成统一的进出口、过境的情形，因此在第一板块就明确了各成员方的普遍义务。《贸易便利化协定》要求各个成员方承担的主要义务有11个，其中最普遍的内容有：

1. 信息的发布与获取

所谓信息发布，是指一国（地区）政府公布的法律法规和政策等需要及时发布，让相关的进出口商能够及时获得以上讯息，能够及时知晓该事项，避免进出口过程中因政策更改而准备的报关等相关材料不符，出现二次报关等情形。在该协定中，明确规定应当迅速公布的相关信息有进出口、过境所需的单证文本以及相关需要填写的表格，本国（地区）对货物进出口的税率规定，本国（地区）关于对进口货物的限制与禁止，以及对此产生的相关惩罚的规定，都应该及时公布，以方便进出口企业第一时间获取该消息。除了通过网络、公告公示、电话等方式获取信息外，还可设置专门的咨询点，以便联络。

2. 评论机会、信息的生效、磋商机制

首先是评论机会，所谓评论机会，是指各成员方应该对本国（地区）拟定的关于进出口货物的相关规定、物流的规定以及报关、结关等法律法规、政策性规定等，应当给贸易商提供机会进行评论，即对相关规定参与讨论。其次是信息的生效，所谓信息的生效，是指对于以上相关法律法规、政策性规定，应该在生效前尽早公布。磋商机制，是本条款中一个基本要求，即贸易商之间、贸易商与成员方之间、成员方之间如果遇到争端问题，首先应该考虑的是采取磋商的方式对争端进行解决。

3. 上诉程序

上诉程序，亦称审查程序，是指每一个成员方都应该存在上诉程序，即当事人对本国（地区）海关的任何行政决定有异议时，该国（地区）的任何人都有权对此提出行政复议，或者通过司法审查的方式来解决。

4. 预裁定

这一规则中涉及的规则规定有10款。所谓预裁定，是指贸易商在进口货物时，应该接到该国（地区）对本次进口货物的关税规定、相关待遇问题的书面决定。因此各成员方基本的预裁定义务是公布预裁定申请的要求，对接到申请到做出预裁定的期限，以及该预裁定书的有效期等予以明确。

5. 货物的放关和清关

各成员方如大力简化放关与清关的手续，那么会大大提高货物流通速度。尤其是对于容易腐烂的货物，贸易商最希望其能够最快进关或出关，只有对其实行简洁便利的通关手续，才能在最短时间内将特殊货物予以快速通关。

二、海关行政互助模式及其兴起

一定程度上，金砖国家倡导的海关行政互助和检查机制也是一段时间以来海关行政互助模式的推广内容。随着全球贸易和经济的快速发展，跨国（境）犯罪和走私活动日益猖獗，这也推动了海关行政互助合作模式的兴起。在这种模式下，各国（地区）海关在互惠互利的基础上签订双边或多边协定或备忘录，同意在海关权限范围内开展信息交流、文书和案件协助、联合培训和缉私行动。目前，海关行政互助模式普遍沿用20世纪90年代初世界海关组织的相关指导方针。2004年6月，世界海关组织对双边海关行政互助协定范本（以下简称"协定范本"）进行了修订，旨在为各国（地区）海关之间的行政互助提供法律依据。其中，信息交流是行政互助的重点，为其成员应对日益增多的国际贸易、运输、电子通信和违反海关法的行为提供法律依据，保护国际贸易供应链，在促进守法贸易的同时促进海关高效执法，各国（地区）海关当局据此获取有效信息，多渠道实施有效的风险评估和抽查。例如，美国海关与边境保护局与65个国家（地区）的海关签署了行政互助协议，其中包括2010年11月8日与巴林海关签署的双边互助协议，这为两国海关在信息共享、技术支持、执法合作、贸易便利化和防止转运等方面的合作提供了法律框架。俄罗斯和越南于2010年10月31日签署的《海关合作和行政互助政府间协定》明确规定，为保障两国货物和人员往来，及时向对方提供两国出口货物的信息，这也成为海关签订行政互助合作协议的重要目的。在相关协议框架内，各国（地区）海关开展了双边合作，包括信息交流。国际社会越来越重视通过加强贸易安全便利化合作，营造宽松的国际贸易环境。

海关之间的信息互通是一切实质性合作的重要基础，也是制约和影响海关合作水平和层次的重要因素。对进口地海关而言，通过信息交流，进口地海关可以提前获取货物和运输工具的相关数据，并据此进行自身风险评估和风险排查，以防可能具有高风险信号的货物进入关境。这不仅有利于本国（地区）海关开展风险分析和管控检查，也有利于企业的后续管理。对出口地海关而言，信息交流有利于了解货物的真实情况，方便守法企业通关，降低贸易成本，有利于建立企业良好的国际声誉，增进出口地海关之间的互信。进口地和出口地海关，减少因信息不对称损害守法企业的海关措施的发生。同时，不同的海关关注的重点不同，所以信息交流的内容也不一致，一般包括海关执法的需要、海关经验交流的需要和海关发挥统计作用的需要。在开展双边合作时，世界海关组织推荐了海关行政互助双边协定范本，并于 2004 年 6 月进行了修订。在双边海关行政互助协定修订示范文本中，第三章"信息"第三条第一款"海关法适用和执行情况"明确规定，"双方海关应当主动或根据要求，相互提供有利于正确适用海关法的信息，预防、查处和打击违反海关法的行为，保障国际贸易供应链安全"。第四条至第七条还规定了"关税征收信息""与违反海关法有关的信息""自动交换信息""提前交换信息"的内容。可以说，以上内容构成了协议示范文本的核心条款，为海关之间的信息交换提供了强有力的法律依据。

在相关背景下，世界海关组织指出，为应对日益严重的国际贸易、运输、电子通信和违反海关法的行为，保护国际贸易供应链，在促进守法贸易的同时促进海关高效执法，各国（地区）海关当局依靠从各种渠道获得有效信息来实施有效的风险评估和选择性检查。为了给国家（地区）海关当局之间的信息交流提供法律依据，必须有双边或多边信息交流的文件。因此，涵盖上述信息交流核心内容的海关行政互助双边协定范本应运而生，并被成员方海关在签订相关互助协定时予以借鉴和效仿。

三、金砖国家海关行政互助协查的现实需要

（一）金砖国家整体上经济快速稳定发展

金砖国家虽然在经济发展水平、社会政治制度方面存在较大的差异，但是目前五国的经济发展速度较快。根据 2015 年的统计数据，金砖国家 GDP 总和过去 10 年增长超过 300%，而发达市场增长仅为 60%。[①] 经济的迅速稳定发展巩固了金砖国家的国际地位，增加了与其他经济体之间的联系，提高了运用国际经贸规则、应对风险的能力，增强了各国（地区）市场吸引力和经济辐射力，有助于在全球经济博弈中争取到更多的权益。金砖国家越来越清醒地认识到只有加强经济活动之间的相互渗透，才能从合作中相互受益，维持经济健康稳定的发展。

---

① 参见王素：《金砖五国贸易数据》，载《进出口经理人》2016 年第 10 期。

(二) 金砖国家经济具有协同性

经济协同性是金砖国家实行共同政策协调的前提。金砖国家群体性出现有其内在的经济和产业发展逻辑。此外,在中国影响力不断增强的背景下,金砖国家经济周期呈现出高度的协同性和互动性。金砖国家通货膨胀周期波动存在较强的协同性。金砖国家的经济周期具有同步性,这是5个新兴经济体未来利用金砖国家这个平台进行政策协调的前提条件。

(三) 金砖国家经贸合作不断扩大和发展

一方面,金砖国家整体贸易量持续增长,贸易比重不断增加。据2022年《金砖国家联合统计手册》统计,金砖国家的贸易总额从2005年的26 030亿美元增长到2021年的92 063亿美元。与此同时,占世界贸易的份额也不断增长。1990年,金砖国家贸易额仅占世界总贸易额的3%。而据2013年世界银行发布的世界发展指标(WDI)显示,2011年金砖国家出口额合计为3.74万亿美元,占世界出口总额的16.7%;进口额合计为3.39万亿美元,占世界进口总额的15.6%。

另一方面,金砖国家间的贸易量也有所扩大,贸易关系更加紧密,贸易增长空间仍然很大。比如,2011年金砖国家之间的贸易量增长较快,但在各自的对外贸易总额中所占比重仍然比较低。以中国为例,2011年,中国对印度的出口增长率为23.5%,进口增长率为38.4%,远高于世界平均水平,但中国与其他金砖国家的贸易量仅占出口市场的7.2%、进口市场的7.4%。由此看来,贸易量的迅速增长表示金砖国家之间贸易关系更加紧密,但较低的市场份额在一定程度上说明金砖国家之间贸易增长的空间仍然很大。

(四) 金砖国家贸易结构方面存在一定的互补性

俄罗斯能源和基础科学具有优势,印度软件技术领先,巴西清洁技术、现代农业优势较强,中国有制造加工优势,南非有矿产开采技术优势等,相互合作的潜力巨大。在对金砖国家贸易互补性研究后发现,总体上看,金砖国家之间存在贸易互补,但也有较强的贸易竞争。随着金砖国家合作机制的深化,各国(地区)将会在合作中进行竞争,在金砖国家内部将会出现资源的再分配和利益的再整合过程。

金砖国家作为重要的新兴市场和农业大国,农产品贸易是金砖国家对外贸易中极其重要的一部分,中国与其他金砖国家的农产品贸易既有竞争性又有互补性。印度是中国在金砖国家中重要的贸易伙伴,但近年来印度一再对中国发起贸易救济调查,已经成为双方贸易增长的障碍。贸易救济调查是他国针对中国企业或者行业出口产品的反倾销案件、保障措施、特保案件的统称。2008年

10 月以来，印度频繁对中国发起各类形式的贸易救济调查，针对印度不断升级的贸易保护措施，我国有必要尝试在金砖国家合作机制下按照世界贸易组织的规则进行有效应对。

四、金砖国家海关合作的整体战略框架及其发展

实际上，除了《贸易便利化协定》之外，金砖国家自身也基于经济、政治、文化等领域的发展状况围绕海关合作进行了大量的双边、多边努力。在此方面，金砖国家所进行的海关合作战略框架堪称代表。就以上海关合作战略框架而言，相关战略合作主要内容及精神也与《贸易便利化协定》相契合。

2017 年 9 月 4 日，金砖国家海关署长和代表在中国厦门共同签署了《金砖国家海关合作战略框架》。该合作文件确定以"信息互换、监管互认、执法互助"作为金砖国家海关合作原则，并将贸易便利、安全与执法、新兴事务、能力建设、多边框架内的立场协调等领域列为日后合作重点，为未来金砖国家深化海关合作指明了方向。该合作文件明确，金砖国家海关在贸易便利方面将推动世界贸易组织《贸易便利化协定》实施等举措；在安全与执法方面，将加强情报和信息交流、开展联合执法行动、深化风险管控合作等；在新兴事务方面，将共同建立数字海关，实施《金砖国家"单一窗口"合作框架》等。此外，该合作文件还明确金砖国家将在能力建设、国际组织机制内的立场协调等方面加强合作。

从过程来说，《金砖国家海关合作战略框架》是 2016 年在印度果阿金砖国家海关署长会议上由时任中国海关总署署长于广洲提议制定的，得到各方一致赞同。近年来，中国海关主动参与金砖国家合作事务。2013 年，在南非召开首届金砖国家海关署长会议，达成中国海关倡议的《金砖国家海关署长会议成果文件》，正式确立了海关署长会议、工作组会议等金砖国家海关合作机制，决定在世界海关组织等多边框架下，召开署级或工作层面会晤，就重大多变问题交换看法。2016 年，五国在金砖国家领导人印度果阿会晤期间签署了《金砖国家海关合作委员会章程》，并成立金砖国家海关合作委员会。该章程成为首个诞生于金砖国家最高合作机制的海关合作成果。一方面，《金砖国家海关合作战略框架》也是金砖国家间国际贸易发展的客观需要。海关数据显示，2017 年前 7 个月中国对其他金砖国家进出口额达到 1.15 万亿元，比 2016 年同期增长 32.9%，高于同期我国外贸整体增速 14.4 个百分点，其中出口 5 865.8 亿元、同比增长 28.7%，进口 5 618.8 亿元、同比增长 37.7%；贸易顺差 247 亿元，收窄 48.5%。另一方面，《金砖国家海关合作战略框架》也是金砖国家作为合作整体以及各个国家落实《贸易便利化协定》的重要举措。

2022年5月12日，中国海关在北京成功主办金砖国家海关执法合作线上研讨会。会议围绕金砖国家海关共建执法联络和能力建设双平台、"智能化"执法实践、执法合作优先领域等议题深入交流，并就进一步强化金砖国家海关执法合作网络，共同构筑打击走私的"金砖海关防线"，以及积极向即将召开的金砖国家海关署长会贡献执法合作成果达成共识。

2022年6月7日，金砖国家海关署长会议在北京以视频形式举行，会议围绕"'智能化'合作促进构建金砖国家海关高质量伙伴关系"的合作主题，就加强金砖国家海关"智能化"合作、能力建设、执法合作、行政互助等议题进行了深入交流并达成广泛共识。本次署长会议围绕进一步促进构建金砖国家海关高质量伙伴关系达成4项共识。一是加强金砖国家海关"智能化"合作。会议视频展示了金砖国家海关"智能化"实践与合作的务实成果，同意在世界海关组织新版《战略规划》指引下，进一步推进海关"智能化"经验交流与项目合作，共同实现"智能化"建设与发展。二是加强金砖国家海关能力建设合作。会议同意依托中国海关厦门教育培训基地、俄罗斯海关学院、印度海关间接税和毒品学院3家金砖国家海关培训中心，深入开展税收管控、风险管理、AEO项目等海关能力建设合作，并决定2022年10月在金砖国家海关培训中心（厦门）召开海关能力建设战略研讨会，推动构建金砖国家海关能力建设立体化合作网络。三是加强金砖国家海关执法合作。会议充分肯定2022年5月金砖国家海关执法合作研讨会所取得的成果，决定利用"智能化"实践赋能执法合作，进一步强化金砖国家海关执法合作网络，探索共建执法联络和能力建设双平台，筑起打击走私的"金砖海关防线"。四是尽快签署《金砖海关互助协定》。会议同意全力推动在2022年完成协定签署，为加强金砖国家海关各领域合作奠定重要法律基础。

五、金砖国家海关主要行政互助和合作机制

除了《贸易便利化协定》《金砖国家海关合作战略框架》多边合作机制对金砖国家海关行政互助及合作提出具体要求之外，金砖国家间的双边行政互助和合作机制也富有成效。实践中，金砖国家当中双边国家建立行政互助和合作机制主要通过双方政府签署海关事务与互助协定的方式确立正式的机制，并由各自国家的海关主管当局再行签署执行以上协定的备忘录等方式予以落实。双边层面，中国与巴西、南非、印度、俄罗斯分别签署了关于海关事务的互助协定。为实施上述海关事务的互助协定，中国还与部分金砖国家签署备忘录。结

合以上双边、多边海关行政互助协定可以发现，在海关事务与互助具体内容方面，金砖国家合作的主要内容包括以下7个方面。

（一）合作目的

基于《贸易便利化协定》《金砖国家海关合作战略框架》等多边协定文本及精神，金砖国家间双边协定均在突出位置规定合作目的。从合作目的文本来看，相关内容及精神与《贸易便利化协定》《金砖国家海关合作战略框架》高度契合。实践中，签署双边协定的政府或海关当局在合作方面大致基于以下目的：考虑到违反海关法的行为有损于经济、财政、社会、文化、安全和商业利益；考虑到准确计征在进出口环节征收的海关关税和其他税费，及确保正确执行禁止、限制和监管措施的重要性；认识到在与执行和实施其海关法有关的事务方面开展国际合作的必要性；确信其海关当局间的紧密合作能使查缉违反海关法行为的行动更为有效；注意到针对特定货物的禁止、限制和特别监管措施的国际公约。出于以上合作目的，金砖国家间的双边政府或海关当局愿意发展，尤其是通过在海关事务方面的合作发展两国间睦邻关系；希望通过两国海关当局间的合作便利和加快两国间货物和人员的往来；考虑到非法贩运麻醉品和精神药物对公众健康和社会的危害；认识到实施和执行海关法方面开展国际合作的必要性；确信海关当局间的紧密合作将使得打击违反海关法行为以及更准确计征海关关税的努力更为有效；注意到促进互助的国际法律文件。认识到违反海关法规行为有损于两国经济、社会和财政利益；确信两国海关当局间的合作将使为防止和打击违反海关法规行为所做的努力更为有效。

（二）行政互助情形

根据金砖国家间达成的双边行政互助协定，适用于双边行政互助的具体情形主要聚焦于信息和情报。按照相关双边协定文本，分为一般情形及特殊情形。

1. 一般情形

双方海关当局应根据双边协定的规定主动或经请求相互提供信息和情报，特别是关于下列内容的信息：一是经证明有效的新海关执法技术；二是违反海关法行为的新趋势、方式和手法；三是已知违反或涉嫌违反请求当局海关法的特定人员进出其关境的情况。

经请求，被请求方应当及时提供已掌握的载于海关单证的与出入两国海关关境货物有关，并涉及或涉嫌违反请求方海关法行为的信息，包括货物品名、价格和原产地以及向请求方申报的随附单证真实性的信息。

2. 特殊情形

经请求，被请求方应向请求方特别提供以下相关信息：一是进入请求方关境的货物是否从被请求方关境合法出口；二是从请求方关境出口的货物是否合法进入被请求方关境，以及货物置于何种海关手续之下。

（三）海关互助内容

金砖国家中，基于行政互助适用情形的不同，金砖国家海关当局要求对方提供互助的内容存在区别。结合各种双边协定文本，主要内容大致包括以下4个方面。

1. 信息和情报

双方海关当局应当经请求或主动相互提供有关已完成或策划中的构成或看似构成违反海关法行为交易的信息和情报。

在可能对缔约一方的经济、公共卫生、公共安全或其他重要国家利益造成重大损失的情况下，另一缔约方海关当局应尽可能主动提供信息和情报。

2. 特别监视

经请求，被请求方应当提供已知的有关从事或涉嫌参与从事违反海关法行为的人员，特别是进出被请求方关境人员的信息和情报，还应就下列情事保持特别监视：一是运输或存储环节中，且请求方告知可能导致向请求方关境非法贩运的货物；二是请求方怀疑被用于在任一缔约方境内从事违反海关法行为的运输工具；三是请求方怀疑被用于在任一缔约方境内从事违反海关法行为的场所。

3. 技术合作

双方海关当局应当在下列海关事务领域内开展合作：一是在互惠的情况下交流海关官员或专家，以增进对各自海关技术的了解；二是交流查缉和检查设备使用方面的信息和经验；三是交流海关立法和手续方面的专业和科技数据；四是交流有关与第三方开展技术合作方面所采取措施的信息，以进一步完善有关措施；五是交流有关在简化和协调海关手续方面开展合作的信息。

4. 文件和单证

原始信息只有在经证明或核实的副本效力不足的情况下才可以要求提供，并应尽早退还。被请求方或与该信息有关的第三方对上述材料的权利应不受影响。

根据双边协定交换的任何信息和情报均应随附便于翻译和使用的相关信息。

（四）海关互助程序

金砖国家间海关行政互助的具体程序没有统一的文本安排。结合相关双边协定文本，具体程序大致包括互助请求的提交、互助请求的执行两个阶段，相应阶段的海关行政互助工作具体涵盖以下内容。

1. 提交互助请求

双边协定项下的互助请求应在双方海关当局之间直接传递。

双边协定项下的互助请求应以书面形式提出,并应随附对执行该请求有用的文件。如情况需要,请求亦可以口头提出,但应尽快予以书面确认。

根据本条第二款,提出的请求应当包括下列内容:一是提出请求海关当局的名称;二是请求的内容和理由;三是案情简述及所涉及的法律要素和行政诉讼的性质;四是已知的与诉讼有关各方的姓名和地址。

双边协定所指的信息和情报应通过各自海关当局专门指定的官员交换。指定人员的名单应提供给另一缔约方的海关当局。

2. 执行互助请求

如果被请求方非系执行此项互助请求的合适部门,则应将此请求转达给合适的部门并告知请求方已转交部门的情况。是否执行上述请求应由该部门自行酌定。

(五)信息的使用和保密

无论是信息还是情报,本质上都是属于一方海关当局的执法数据。对其使用,海关行政互助与合作协定大都规定详细的使用和保密义务。结合相应的双边协定文本,针对信息的使用和保密规定大致包括以下 3 个方面的内容。

第一,除非提供信息的海关当局明确同意所提供的信息可用作其他目的或被其他部门使用,否则根据双边协定在行政互助框架获得的信息或情报只应由双方海关当局用于双边协定规定之目的。

第二,如需根据双边协定交换个人数据,请求当局应保证这些数据用于被申明的目的并满足被请求当局可能提出的任何条件。

第三,根据双边协定获取的所有信息或情报应视为机密,并至少应享有根据该缔约方国内法律获取的同类信息或情报同等的保护与保密措施。

(六)互助的免除情形

无论是何种海关行政互助及合作,金砖国家间的双边协定都是各成员方基于本国主权制定的国际协定。基于此,在相关双边协定文本方面,针对海关行政互助及合作内容,均会规定相应的免除情形。概括来说,免除情形主要包括:

第一,如有以下情形之一,被请求方可完全或部分拒绝提供互助:一是被请求当局认为执行互助请求可能危害其国家主权、安全、公共秩序或其他重要国家利益;二是被请求当局认为执行互助请求可能损害该缔约方境内的工业、商业或职业秘密。

第二，如请求方在被请求方提出类似请求时不能给予互助，则应在其请求中提请注意该事实。是否执行该项请求由被请求当局自行决定。

第三，如果请求的互助可能阻碍正在进行的调查或诉讼，被请求方可以推迟给予互助。在此情况下，被请求方可与请求当局，协商在满足被请求方提出条件的情况下提供互助。

第四，被请求方拒绝或推迟接受请求时，应给出拒绝或推迟的理由。

（七）海关行政互助及合作费用

在海关行政互助及合作费用方面，金砖国家间双边协定一般规定各自承担相应的费用，如有专家费用或巨额费用等需要请求方承担，一般应当通过双边协商的方式来加以确定。考察相应的双边协定文本，大致包括以下内容：

第一，原则性规定。除非执行请求需要巨额或特别的费用，双方海关当局应放弃一切就执行双边协定所产生费用获得补偿的要求。

第二，例外规定。如果执行请求需要巨额或特别的费用，缔约双方应通过协商确定执行请求的条件以及负担费用的方式。

六、新时期海关国际合作的发展趋势及金砖国家海关行政互助合作机制展望

（一）新时期海关国际合作的发展趋势

在 20 世纪最后的几十年里，西方国家的工商业发生了重要变化，随着国家经济实力的逐步增强，国内许多的工商业者转向国际贸易，而随着国际贸易的蓬勃发展而来的是与其他国家（地区）贸易纠纷的增多。在这种背景下，许多发达国家对其税收政策进行了调整，同时由于世界贸易组织在推动全球贸易自由化中的积极作用，许多国家（地区）的关税呈现下降的趋势。进入 21 世纪后，非传统安全成为发达国家在国际贸易领域新的关注点。此时，海关国际合作也出现了新的重点领域。

重点领域之一是海关知识产权边境保护随着世界贸易组织职能的日益加强，各国（地区）也日益重视知识产权保护问题。近年来，许多发达国家以及发展中国家都就知识产权保护进行了国内立法。同时，许多发达国家将知识产权保护作为贸易保护的新武器，在国际贸易中设置新型的贸易壁垒。美国、日本及欧盟更是在中国入世承诺评估中，多次提到中国保护知识产权问题的滞后性。在中国与美国、欧盟等领导人的会晤中，知识产权保护也是经常被提及的话题。由于海关在边境保护中的特殊职能，海关也负责在边境的知识产权保护工作。相较其他部门，海关可以自行决定开展进出口环境知识产权侵权案件的处理工

作。在世界贸易组织通过的《与贸易有关的知识产权协议》中，也明确建议各国（地区）政府将知识产权的边境保护工作授权给海关机构来承担，认为知识产权的边境保护是"有关边境措施的特殊规定"，海关在这其中的地位不言而喻。在加入世界贸易组织后，各国（地区）海关也致力于出台符合国情的知识产权海关保护法律法规，并形成具有国家（地区）特色的海关知识产权保护体系。

重点领域之二是海关数据交换合作为推动各国（地区）海关更好进行信息交流合作，分享关于国际贸易供应链保护的有关信息，提前展开监控和干预，并制定保护全球供应链安全与推动便利化的世界标准，提高各国（地区）海关应对风险的能力，推动商界的发展，世界海关组织于2005年通过了《全球贸易安全与便利标准框架》。正是在这种形势下，海关数据交换孕育而生。数据交换是海关"保障供应链的安全与便利"这一非传统职责中的重要内容，是指各国（地区）海关间就贸易统计数据、报关单数据、涉案信息、走私情报、监管方法等数据进行交换的互利合作。数据交换问题在国际海关合作中被视为十分重要的环节，早在20世纪90年代初，许多发达国家（地区）如美国、加拿大、澳大利亚以及欧盟海关就已经开展对数据交换合作的研究，设计了不同的数据交换系统，并于近年来进行了与不同国家的数据交换尝试。

2008年世界海关组织确定了建设全球海关网络（GNC）。该网络是一个海关间相互接纳、相互连接的用于支持和提高国际贸易系统效率、促进各国经济发展、保证社会安全和税收征管的信息共享系统，世界海关组织明确其应首先从实现监管和执法数据交换、实现商业和贸易数据交换两方面开展可行性研究。基于此，数据交换已成为全球海关合作的迫切愿望和现实需求，越来越多的国家和地区海关参与到这项工作的研究和实践中，并取得了一定的成果，为实现全球贸易安全与便利的目标奠定了基础。

重点领域之三是AEO互认合作。《全球贸易安全与便利标准框架》不仅鼓励海关之间开展合作与互认监管结果，还首次在全球提出了AEO理念。在此概念下，为真正确保全球供应链的可持续发展和长久安全，创造更多的海关与商界共同利益，海关需要与商界达成一种新的合作，建立信任的合作关系。因此，世界海关组织为了实现《全球贸易安全与便利标准框架》目标，构建海关与商界之间的伙伴关系，实现贸易安全与便利方面目标引入的管理制度。根据世界海关组织的定义，AEO制度可以认为是海关与企业所达成的一种合作伙伴关系，这种关系建立的前提是企业守法可信，而海关据此为企业提供相应的通关便利，减少海关手续，加快货物流通进程，达到双赢。AEO制度的构建，从本

第五章　贸易便利化协定及双边协定框架下金砖国家海关行政互助协查机制研究

质上改变了海关与企业之间在传统意义上的管理与被管理的关系，以适应现代化海关制度建设及大监管体系建设改革需要，符合政府职能转变的要求。在这种 AEO 制度下，各国（地区）海关可以就彼此的 AEO 企业以及相关的 AEO 制度开展互认，一般这种互认需要考虑三方面的内容，即海关监管手续大体一致，海关对风险的安全措施相对统一，以及双方海关授予 AEO 企业的有关认证制度彼此兼容。

AEO 互认合作模式的提出，使得一方海关的 AEO 制度可以适用于另一方的企业，加快了全球化的过程。这也是世界海关组织发布标准框架鼓励各国（地区）海关间的 AEO 制度以及安全手段的互认的动力因素。具体来讲，AEO 互认会带来以下几个方面的益处：一是供应链的参与方将会直接从 AEO 制度互认中受益，如相对较低的查验率、较快的通关效率等；二是 AEO 制度的互认将带来一个有效且高效的、统一的安全链标准和程序；三是当公司、企业进行国际贸易时，AEO 制度的互认将会在很大程度上减少公司、企业的成本和行政负担；四是消除不同国家（地区）海关关员的重复现场查验，减少执法成本；五是提高了国际贸易的透明度，通过相关联的信息交互及安全评估机制，海关可以分享最准确的情况，而这也便利了贸易的快速发展。

（二）金砖国家海关行政互助合作机制展望

近几年来，由于新冠疫情等因素，国际贸易等领域的形势越来越复杂化，金砖国家间合作的必要性及空间大大增强。基于金砖国家领导人会议等机制，金砖国家形成了以下关注领域，海关行政互助合作机制的未来发展可以此为基础展开。

1. 加强和改革多边体系

金砖国家认为，尽管联合国及其相关机构取得了许多成就，但其能否继续保持成功和影响，取决于其适应当今世界现实和应对相互关联的挑战的能力。因此，金砖国家决心加强和改革多边体系，使全球治理反应更加迅速，更加有效、透明、民主、有代表性和负责任。金砖国家重申致力于维护国际法，包括作为其不可或缺的基石——《联合国宪章》宗旨和原则，维护联合国在国际体系中的核心作用。新冠疫情使金砖国家更加确信，富有效力和代表性的多边主义对于增强应对当前和未来全球挑战的韧性、增进人民福祉以及实现这个星球的可持续未来至关重要。

金砖国家支持五国外长通过的《金砖国家关于加强和改革多边体系的联合声明》，回顾其中的原则，一致认为加强和改革多边体系包括以下方面：应使全球治理更具包容性、代表性和参与性，以促进发展中国家和最不发达国家，特别是非洲国家，更深入和更有意义地参与全球决策进程和架构，并使全球治理更符合当代现实；应以包容的协商与合作为基础，符合所有人利益，尊重主权独立、平等、彼此正当利益和使多边组织反应更迅速，实现更加有效、透明、可信的关切；应使多边组织反应更加迅速，更加有效、透明、民主、客观，坚持聚焦行动和聚焦解决方案，更加可信，并合作构建基于国际法准则、相互尊重、公平正义、合作共赢精神以及当代世界现实的国际关系；应利用数字和技术工具等创新包容的解决方案，促进可持续发展，并帮助所有人可负担和公平地获取全球公共产品；应加强各国及国际组织的能力，使其能够更好地应对新的、突发的、传统和非传统挑战，包括来自恐怖主义、洗钱、网络领域、信息流行病和虚假新闻的挑战；应将以人民为中心的国际合作作为核心，促进国际和地区和平与安全，促进经济社会发展，保护大自然平衡。

金砖国家回顾联合国大会第 75/1 号决议，再次呼吁改革联合国主要机构。金砖国家致力于为联合国安理会改革相关讨论注入新活力，继续努力振兴联合国大会，并加强联合国经济及社会理事会。金砖国家回顾 2005 年世界首脑会议成果文件，重申需要对联合国包括其安理会进行全面改革，使之更具代表性、效力和效率，增强发展中国家代表性，以应对全球挑战。中国和俄罗斯重申重视巴西、印度和南非在国际事务中的地位和作用，支持其希望在联合国发挥更大作用的愿望。

金砖国家赞赏南非和印度分别在 2019—2020 年、2021—2022 年担任联合国安理会非常任理事国期间所做贡献，祝贺巴西成功当选 2022—2023 年安理会非常任理事国。2022 年将有 4 个金砖国家成员同在联合国安理会，这将进一步提升金砖国家就国际和平与安全事务开展对话的重要性，并将为五国通过常驻联合国代表团以及其他国际场合的定期交流、在共同关心的领域继续合作提供机会。

金砖国家重申，支持一个强劲、基于份额且资源充足的国际货币基金组织作为全球金融安全网的中心。金砖国家对第 15 轮份额总检查未能完成份额和治理改革深感失望，并呼吁于 2023 年 12 月 15 日前如期圆满完成第 16 次份额总检查，以降低国际货币基金组织对临时资源的依赖，解决新兴市场国家和发展中国家代表性不足的问题，使其实质性参与国际货币基金组织治理，保护最贫穷和最弱小成员方的发言权和份额，制定更好反映成员方经济体量的新份额公式。金砖国家欢迎国际货币基金组织批准 6 500 亿美元等值的特别提款权的普遍增发。金砖国家认识到迫切需要以透明和负责任的方式加强其在未来危机期间满足各国融资需求的能力。

第五章　贸易便利化协定及双边协定框架下金砖国家海关行政互助协查机制研究

金砖国家重申支持以世界贸易组织为核心、透明、以规则为基础、开放、包容、非歧视的多边贸易体制，并为此重申支持对世贸组织进行必要和亟须的改革，特别是维护其核心地位、核心价值和基本原则。世贸组织大部分成员均为发展中国家，改革要兼顾包括发展中国家和最不发达国家在内的所有成员的利益。关键是，所有世贸组织成员均应避免采取违反世贸组织精神和规则的单边和保护主义措施。金砖国家强调确保恢复和维持两级审理的世贸组织争端解决机制至关重要，包括尽快遴选上诉机构所有成员。

金砖国家认识到，当前的全球性挑战尤其是新冠疫情，有力地提醒金砖国家必须加强国家间的合作。金砖国家注意到世界卫生组织、各国政府、非营利组织、学术界和工商界为应对疫情采取的措施，期待国际社会改革和加强世界卫生组织的政策应对，以抗击新冠疫情和未来其他健康挑战。

金砖国家呼吁持续努力加强军控、裁军、防扩散条约和协议体系，保持其完整性，维护全球稳定及国际和平与安全，确保裁军、防扩散及军控领域有关多边机制的有效性、高效性和协商一致性。

2. 和平、安全与反恐合作

金砖国家注意到其继续在相关机制内就和平与安全等热点问题开展积极对话；欢迎金砖国家安全事务高级代表会议成果，赞赏其围绕反恐、信息通信技术安全使用、全球、地区和国家安全威胁、执法机构合作前景以及金砖国家卫生安全和医疗卫生合作前景等议题进行富有意义的讨论；欢迎会议通过《金砖国家反恐行动计划》。

金砖国家对世界上有关地区持续的冲突和暴力表示关切，赞同外长们在外长会晤中关于非洲、中东和北非局势，以及巴以、叙利亚、也门、阿富汗、朝鲜半岛、伊朗核和缅甸等问题的立场。金砖国家重申坚持不干涉内政原则，一切冲突都应根据国际法及《联合国宪章》，通过外交和政治方式和平解决。金砖国家强调，不接受以使用或威胁使用武力，或者其他任何有违《联合国宪章》宗旨和原则的方式，侵犯别国领土完整或政治独立。

金砖国家重申《禁止细菌（生物）及毒素武器的发展、生产和储存以及销毁这类武器的公约》（《禁止生物武器公约》）的重要性，强调应遵守和强化《禁止生物武器公约》，包括达成具有法律约束力的附加议定书以建立有效核查机制。金砖国家重申对禁止化学武器组织（禁化武组织）的支持，并呼吁《禁止化学武器公约》各缔约方维护公约及公约的完整性，开展建设性对话，恢复禁化武组织内协商一致的精神。

金砖国家承诺防止外空军备竞赛及其武器化，确保外空活动的长期可持续性，包括通过一项具有法律约束力的多边文书。在这方面，金砖国家注意到"防止在外空放置武器、对外空物体使用或威胁使用武力条约"草案。金砖国家重申对《关于各国探索和利用包括月球和其他天体在内外层空间活动的原则条约》的支持。金砖国家通过实施和制定联合国和平利用外空委员会的相关指导方针，共同维护外空活动的长期可持续性并增强空间行动的安全性。

金砖国家继续承诺致力于促进开放、安全、稳定、可及、和平的信息通信技术环境。金砖国家重申应秉持发展和安全并重原则，全面平衡处理信息通信技术进步、经济发展、保护国家安全和社会公共利益和尊重个人隐私权利等的关系。金砖国家强调联合国应发挥领导作用，推动通过对话就信息通信技术安全和使用、普遍同意的负责任国家行为规则、准则和原则达成共识，同时不排斥其他相关国际平台。为此，金砖国家欢迎联合国信息安全开放式工作组以及政府专家组圆满完成其工作，欢迎2021—2025年联合国开放式工作组更新授权。金砖国家期待通过落实《金砖国家确保信息通信技术安全使用务实合作路线图》和网络安全工作组开展的各项活动，推进金砖国家在这一领域的务实合作。金砖国家强调要建立金砖国家信息通信技术安全使用合作的法律框架，并承认在研提相关倡议方面所做工作，包括缔结金砖国家网络安全政府间协议和相关双边协议。

金砖国家对滥用信息通信技术从事犯罪活动不断增长的现象，以及由此带来的风险和威胁深表关切。联合国网络犯罪政府间专家组的工作成功结束，根据联合国大会第75/282号决议，联合国关于制定打击为犯罪目的使用信息和通信技术全面国际公约的开放式特设政府间专家委员会已开始工作，金砖国家对此表示欢迎。金砖国家对在保护儿童免受网上性剥削和其他不利于儿童健康和成长内容的毒害方面面临日益严峻的挑战表示关切，并期待金砖国家加强合作，制定旨在保护儿童网上安全的倡议。

金砖国家强烈谴责一切形式和表现的恐怖主义，不论恐怖主义在何时、何地、由何人实施。金砖国家认识到恐怖主义、助长恐怖主义的极端主义和激进主义导致的威胁。金砖国家决心打击一切形式和表现的恐怖主义，包括恐怖分子跨境转移、恐怖融资网络和为恐怖分子提供庇护。金砖国家重申恐怖主义不应与任何宗教、民族、文明或种族挂钩。金砖国家重申坚定致力于在尊重国际法，特别是《联合国宪章》和人权基础上，为预防和打击恐怖主义威胁的全球努力作出更大贡献，强调各国在打击恐怖主义方面负有首要责任，联合国应继续在该领域发挥核心协调作用。金砖国家还强调，国际社会应采取全面、平衡的方式，包括在当前疫情背景下，有效遏制构成严重威胁的恐怖主义活动。金砖国家反对在打击恐怖主义和助长恐怖主义的极端主义方面采取双重标准。金砖国家呼吁尽快在联合国框架下完成和通过《全面反恐公约》，并在裁军谈判会议上发起多边谈判，制定遏制化学和生物恐怖主义行为的国际公约。

金砖国家欢迎金砖国家反恐工作组第六次会议及其分工作组会议达成的成果。金砖国家核可金砖国家安全事务高级代表通过的《金砖国家反恐行动计划》。该计划旨在落实《金砖国家反恐战略》，明确金砖国家反恐合作的方式和行动，包括确保金砖国家在理解、识别和共同应对持续存在和新出现的恐怖主义威胁方面加强协调，并在联合国和其他多边反恐框架内开展合作。这将有助于补充和加强金砖国家之间现有的双多边合作，在打击极端化和恐怖主义、利用互联网从事恐怖活动、恐怖分子跨境流动，以及加强软目标保护、情报共享和反恐能力建设等方面为全球防范和打击恐怖主义威胁作出实质性贡献。金砖国家赞赏2021年主席国印度举办的"网络恐怖主义和反恐调查中数字取证的作用""金砖国家数字取证"等研讨会，并期待在这些领域深化合作。

金砖国家对非法生产和跨国贩卖毒品情况深表关切，认为这对公共安全、国际和地区稳定以及人类健康、安全和福祉构成威胁。金砖国家重申对联合国三项禁毒公约的承诺，以及联合国会员国所作的各项政治承诺，包括2009年联合国大会通过的《关于以综合、平衡战略开展国际合作，应对世界毒品问题的政治宣言和行动计划》，以及2016年联合国大会世界毒品问题特别会议成果文件等，并认识到维护国际禁毒机制的必要性。金砖国家认可金砖国家禁毒合作的重要性，欢迎禁毒工作组最近一次会议所取得的成果。

金砖国家重申在国际反腐败问题上加强合作并采取行动，包括加强多边框架下的合作，以及根据国内法律制度，就资产返还、拒绝为腐败人员提供避风港、查找腐败所得等事项开展合作。金砖国家将继续通过各种教育和培训项目加强反腐败能力建设。金砖国家欢迎2021年"预防和打击腐败的挑战和举措，加强国际合作"联合国大会特别会议，并重申致力于落实大会政治宣言。

金砖国家重申致力于打击非法资金流动、洗钱和恐怖融资，并在金融行动特别工作组和区域性反洗钱组织以及其他多边、地区和双边场合紧密合作。金砖国家重视并鼓励金砖国家在反洗钱、反恐怖融资等关键问题上开展对话。

金砖国家重申联合国安理会在实施制裁方面具有独一无二的权威性，并进一步强调必须避免采取任何违反国际法特别是《联合国宪章》的强制性措施。金砖国家呼吁进一步整合和加强联合国安理会各制裁委员会工作方法，以确保其有效性、反应迅速和透明度，并期待金砖国家继续就这些问题进行交流。

3. 可持续发展及其创新实现手段

金砖国家重申致力于从经济、社会和环境3个方面落实2030年可持续发展议程。金砖国家注意到，新冠疫情对落实2030年可持续发展议程带来干扰，并逆转了多年来在减贫、消除饥饿、医疗保健、教育、应对气候变化、获得清洁水和环境保护等方面取得的进展。新冠病毒对每个人尤其是世界上最贫困和最脆弱人群带来巨大影响。因此，金砖国家呼吁国际社会构建全球发展伙伴关系，应对新冠疫情带来的影响，并通过推进执行手段加快落实2030年可持续发展议程，同时要特别关注发展中国家的需求。金砖国家敦促捐助国落实官方发展援助承诺，根据受援国国内政策目标，向发展中国家提供能力建设、技术转让等额外发展资源。

金砖国家注意到大规模电子政务平台、人工智能、大数据等数字和技术手段对促进发展和提高金砖国家疫情应对效率的重要作用。金砖国家鼓励更广泛应用这些平台和技术，实现信息和通信对民众的可负担性和可及性。这需要电信和信息通信技术系统的无缝运行，并采取必要措施减轻疫情对社会经济的负面影响，实现可持续的包容性复苏，特别是要确保教育的延续性和保障就业，尤其是中小微企业的用工。金砖国家认识到，在国家间以及国家内部存在着数字鸿沟。为了不让任何人掉队，金砖国家敦促国际社会制订促进数字资源对所有人包容可及的方案，无论其居住在世界何地。

金砖国家认识到，疫情也加速了全球数字技术应用，并向金砖国家表明获得正确数据可以为制定应对危机的每一步政策提供指南。进入"可持续发展目标行动十年"之际，金砖国家相信金砖国家必须将技术和数据的有效和高效应用作为各项发展的优先方向，并鼓励在这方面深化合作。金砖国家赞赏2021年主席国印度将"数字技术实现可持续发展目标"确定为当年优先合作领域之一，注意到印度倡议的"金砖国家数字公共产品平台"可以作为金砖国家为实现可持续发展目标而创建的开源技术应用储存库，造福金砖各国和其他发展中国家。这项倡议将由金砖各国有关机构进一步讨论。

和平利用空间技术可以对实现2030年可持续发展议程作出贡献。因此，金砖国家赞赏其航天机构签署《金砖国家遥感卫星星座合作协定》，这将有助于提升金砖国家在全球气候变化、灾害管理、环境保护、预防粮食和水资源短缺、社会经济可持续发展等方面的研究能力。

金砖国家认识到农业和乡村振兴对实现2030年可持续发展议程的重要性，重申致力于加强金砖国家农业合作，促进粮食安全和农村地区全面发展。金砖国家欢迎建立金砖国家农业信息交流系统和金砖国家农业研究平台，欢迎通过

《金砖国家农业合作行动计划（2021—2024）》。

金砖国家赞赏金砖国家科技创新合作在汇集五国研究人员共同应对新挑战方面的重要性，注意到金砖国家科技创新指导委员会和联合研究项目取得的进展，特别是在各专题工作组方面。金砖国家期待尽早制订《金砖国家创新合作行动计划（2021—2024）》。

金砖国家欢迎进一步推进金砖国家贸易投资合作，以及有关金砖国家新工业革命伙伴关系倡议的讨论。金砖国家重申共同合作建立工业能力中心，欢迎在中国建立金砖国家新工业革命伙伴关系创新基地，以及印度提出的金砖国家新工业革命伙伴关系创业活动等倡议。

新冠疫情从根本上改变了教育和技能的提供方式，金砖国家认为，运用数字解决方案确保包容和公平的优质教育、加强研究和学术合作至关重要。金砖国家致力于通过交流最佳实践经验和专业知识，加强在儿童早期发展、小学、中学、高等教育以及职业技术教育与培训领域的合作，并将探索在该领域创建金砖国家合作平台的可能性。金砖国家欢迎教育部长会议宣言，呼吁在开发、分配和获取公开数字内容等方面进行合作，消除数字鸿沟。

金砖国家欢迎金砖国家劳工和就业部长承诺通过建立包容性劳动力市场和社会保障体系实现以人民为中心的复苏。金砖国家期待金砖国家劳动研究机构网络关于金砖国家以数字技术促正规化实践的研究成果。

金砖国家重申金砖国家在灾害管理领域继续开展交流对话的重要性，并期待召开金砖国家灾害管理部长级会议。金砖国家鼓励在以人民为中心、用户友好型和因地制宜创新方法基础上，进一步开展技术合作，分享运用地理空间、数字技术开发高性能多灾种早期预警系统和提前预报方面的成功经验做法，以提高综合减灾能力，减轻灾害风险。

金砖国家强调实现 2030 年可持续发展议程及其目标的重要性，重申致力于实现所有可持续发展目标，包括可持续发展目标 12，即确保可持续消费和生产模式作为可持续发展的关键因素。金砖国家同意在英国举行的《联合国气候变化框架公约》（UNFCCC）第二十六次缔约方大会和在中国举行《生物多样性公约》第十五次缔约方大会筹备过程中保持密切合作。金砖国家强调"2020 年后全球生物多样性框架"的重要性并支持通过这一框架，该框架将以平衡的方式实现《生物多样性公约》的三项主要目标。

金砖国家重申致力于全面落实《联合国气候变化框架公约》及其《京都议定书》和《巴黎协定》，并根据各国不同国情，坚持《联合国气候变化框架公约》共同但有区别的责任原则和各自能力原则等。金砖国家认识到，在实现可持续发展和努力消除贫困的背景下，发展中国家的温室气体排放达峰需要更长时间。金砖国家强调需要采取一种全面的方法应对气候变化，关注包括减缓、适应、融资、能力建设、技术转让和可持续生活方式等在内的所有方面。金砖国家鼓励金砖国家就此开展进一步讨论并举办相关活动。金砖国家回顾《巴黎协定》的相关条款，这些条款要求附件二所列发达国家向发展中国家提供资金、能力建设支持和技术转让等必要的实施手段，帮助发展中国家有能力在可持续发展的背景下实施气候行动。

金砖国家强调，化石燃料、氢能、核能和可再生能源等的可持续和高效利用以及提高能效和使用先进技术，对于各国实现能源转型、建立可靠的能源体系和加强能源安全至关重要。金砖国家欢迎金砖国家能源研究合作平台正在进行的务实合作，并注意到《金砖国家能源技术报告2021》。

金砖国家欢迎金砖国家旅游部长会议进一步推动金砖国家旅游合作。金砖国家赞赏发起金砖国家绿色旅游联盟，推动塑造更具韧性、更可持续、更包容的旅游业。

金砖国家重申各国应本着平等相待和相互尊重的原则开展合作，促进和保护人权与基本自由。金砖国家同意继续以公平、平等的方式同等重视和对待包括发展权在内的各类人权。金砖国家同意在金砖国家及联合国人权理事会等多边框架下就共同关心的问题加强合作，认为需要以非选择性、非政治性和建设性方式促进、保障及实现各国人权，避免双重标准。

4. 经贸财金合作促进可持续发展

金砖国家欢迎经贸财金领域合作取得的进展，进一步增强了金砖国家面对新冠疫情挑战，实现可持续发展目标的能力。金砖国家强调在相关部长级和工作组机制内继续落实《金砖国家经济伙伴战略2025》的重要性。

金砖国家认识到，金砖国家宏观经济稳定对实现全球复苏和稳定具有重要作用。金砖国家核可金砖国家财长和央行行长通过的《金砖国家财长和央行行长声明——全球经济展望和应对新冠肺炎疫情危机》。金砖国家将继续努力加强合作，推动实现后疫情时代强劲、可持续、平衡和包容经济增长。同时，也欢迎金砖国家分享本国在经济领域应对疫情的政策经验。

金砖国家赞赏金砖国家海关署长会议取得的成果，鼓励金砖国家海关在联合执法网络、能力建设和行政互助等领域进一步合作。金砖国家欢迎达成《金砖国家海关事务合作与行政互助协定》，支持在印度金砖国家海关培训中心举办海关培训研讨会，并在共同商定的领域开展金砖国家海关联合执法行动。

金砖国家认识到要加强基础设施和信息共享，更好发现投资机遇、撬动私营部门投资和满足金砖国家基础设施投资需求。金砖国家欢迎金砖国家基础设施及政府和社会资本合作工作组编写的《社会基础设施：融资和数字技术应用技术报告》。该报告体现了金砖国家推动知识分享的集体努力。金砖国家期待同新开发银行和金砖国家基础设施及政府和社会资本合作工作组继续就基础设施投资数字平台保持技术接触，并呼吁加强这方面的工作。

金砖国家欢迎金砖国家经贸部长会议的成果特别是《第十一届金砖国家经贸部长会议联合公报》，核可《金砖国家多边贸易体制合作声明》《专业服务合作框架》《电子商务消费者保护框架》《知识产权合作下开展遗传资源、传统知识和传统文化保护合作》等文件。金砖国家欢迎通过《〈金砖国家经济伙伴战略2025〉贸易投资领域实施路线图》。金砖国家强调在努力应对疫情及其影响的同时，要继续努力创造有利环境，加强金砖国家间贸易，特别是增值贸易。

金砖国家欢迎中小微企业圆桌会议的成果，会议有助于加强中小微企业发展领域合作，帮助相关企业融入全球价值链。金砖国家也欢迎金砖国家财政部和央行正在开展的金融科技服务中小微企业调查和数字普惠金融报告相关工作。

金砖国家赞赏新开发银行克服新冠疫情影响，在扩员方面取得实质性进展。金砖国家重申，扩员进程应是渐进的，体现成员地域代表性平衡，并应有助于银行获得最高信用评级，实现机构发展目标。金砖国家满意地注意到新开发银行理事会年会相关讨论，期待新开发银行制定第二个五年总体战略（2022—2026年）。金砖国家肯定新开发银行在应对疫情引发的健康和经济挑战中发挥的重要作用，鼓励新开发银行积极为包括运用数字技术在内的更多社会基础设施项目提供资金。金砖国家还敦促银行在动员和催化私人资本方面发挥更大作用，并与其他多边开发银行和开发性金融机构开展更多联合融资项目。

金砖国家认为加强应急储备安排机制非常重要。金砖国家欢迎第四次应急储备安排演练顺利完成，支持完善应急储备安排同国际货币基金组织的协调框架。

金砖国家欢迎五国央行就新冠疫情对金砖国家国际收支影响进行首次联合研究，欢迎发布《2021年金砖国家经济报告》。上述工作是五国提高应急储备安排分析研究能力相关努力的一部分。

金砖国家肯定金砖国家支付工作组通过对话和讨论继续开展支付合作，注意到金砖国家本币债券基金取得的进展并期待其运营。

金砖国家认可的《金融信息安全法规电子手册》和《金砖国家信息安全风险最佳实践汇编》是金砖国家信息安全快速沟通机制下有关规则和最佳实践的

综合性文件。

金砖国家欢迎金砖国家银行间合作机制继续努力落实《金砖国家开发性金融机构负责任融资备忘录》。

金砖国家认识到公平竞争对企业发展、消费者权益保护和疫后经济复苏增长的重要作用，并将继续深化竞争领域务实合作。金砖国家支持2021年11月和2023年在中国和印度分别举行金砖国家国际竞争大会。

金砖国家强调有必要继续实施技术规则、标准、计量和合格评定程序工作机制，促进金砖国家间贸易合作。

5. 人文交流

金砖国家重申人文交流在增进金砖国家及五国人民间相互了解和友谊、促进合作等方面的重要性。金砖国家注意到，在2021年主席国印度的领导下，治国理政、文化、教育、体育、艺术、电影、媒体、青年和学术交流等合作领域取得进展，并期待在上述领域进一步合作。

金砖国家支持金砖国家工商机构进一步合作。金砖国家欢迎金砖国家工商论坛、工商理事会和女性工商联盟成功举行的各场会议，赞赏他们为加强五国经贸联系、促进贸易投资所作努力。

金砖国家欢迎金砖国家工商理事会发起的"2021年金砖国家可持续发展目标解决方案奖"，以表彰金砖国家通过创新解决方案实现可持续发展目标所做工作。金砖国家认识到这些奖项将有助于交流分享可持续发展目标领域的知识和最佳实践。金砖国家也赞赏金砖国家工商理事会充分运用数字技术成功组织线上贸易博览会，各国企业、企业家和相关参与者齐聚数字平台，为金砖国家经济合作提供动力。

金砖国家赞赏金砖国家在应对城市发展新挑战方面取得的进展，并注意到金砖国家智慧城市研讨会、城镇化论坛、友好城市暨地方政府合作论坛等活动为此所作贡献。

金砖国家赞赏文化合作取得的进展，并肯定文化在增进五国人民相互了解方面的作用。金砖国家欢迎金砖国家文化部长会议取得的成果，期待在该领域进一步交流。

金砖国家欢迎举办金砖电影节开幕活动，并注意到金砖国家将作为重点嘉宾国参加2021年11月举行的印度国际电影节。

金砖国家认识到，青年在科学、教育、艺术文化、创新、能源、外交、志愿服务和创业等领域保持交流，这将确保金砖国家合作的美好未来，并赞赏印度克服疫情影响举办金砖国家青年论坛。

金砖国家赞赏金砖国家智库理事会会议和学术论坛取得的成果，肯定在加强五国学术界对话和交流，促进面向未来的研究、政策分析和知识分享方面取得的进展。金砖国家欢迎金砖国家民间社会论坛的成果并注意到其建议。

第六章 贸易便利化协定及双边协定框架下澳大利亚、新西兰海关行政互助协查机制研究

一、海关行政互助协查机制的界定

（一）海关行政互助协查机制的现状分析

1. 海关行政互助协查的概念和范围

海关行政互助协查是指一国（地区）海关根据互惠互利和对等的原则，在双边协议或在非协议框架下，通过案件协查、情报交换等形式与他国（地区）海关开展的、有效提高双方行政执法能力的交往与合作。

在范围方面，海关行政互助协查一般包括保证双方国家（地区）签订的行政互助协查协议条约或参与的贸易便利化协定中相关条文的实施和运作、交换货物贸易的信息、支持提供违反海关行政法规行为的证据、单证的配合查验、分享海关风险管理技术的资料，并保证这些信息和资料的机密性。

2. 进出口贸易对澳大利亚与新西兰开展海关合作的影响

澳、新两国有着密切的历史、政治、经济和地理关系，都具有高度发达的农牧业。在此基础上，澳、新两国有着相似的重点进出口产品。两国的动物产品均是其主要出口商品，机电产品、运输设备和矿产品则是两国主要的进口商品。但其中略有不同的是，澳大利亚矿产丰富，拥有至少70余种矿产资源，石油资源虽然也较为丰富，但其国内石油供应却十分短缺，需要从新加坡、马来西亚等国家进口大量石油。而新西兰除了奶制品等食品加工业较为发达外，其他工业发展较为不足，包括机电产品、运输设备等产品主要从中国、美国、日本、德国等国家进口。

从贸易国家（地区）来看，中国是两国长期的重要贸易伙伴。2019年，中澳双边贸易额达到了1 589.7亿美元，其中70%的澳大利亚出口铁矿石供应到了中国。而新西兰在2018年与中国双边贸易额为182.3亿美元，在2019年1~6月，新西兰对中国出口54.1亿美元，增长了21.2%，进口39.3亿美元，增长了1.3%。除中国外，欧盟成员国、日本、韩国以及包括新加坡、马来西亚在内的东盟国家与两国都有着较大的贸易额。

基于上述贸易形势，两国以通过签订双方协定或加入相关国际条约的形式，根据自身贸易需要，结合对方贸易国实际，建立了特色不一的海关合作制度。

第一，加强了澳、新两国内部的海关合作。1983年生效的《澳大利亚与新西兰更紧密的经济关系贸易协定（ANZCERTA）》第十九条规定，"成员国应任何一方（海关）的书面请求进行协商，以确定任何可能的协调"。

第二，以周边贸易国家（地区）为主要合作对象。新加坡、马来西亚等具有一定工业基础国家的石油、机电产品等都是澳、新两国重要的进口产品。在2003年《新加坡—澳大利亚自由贸易协定（SAFTA）》第四章第三条中规定："在双方国内法律法规允许的范围内，双方海关当局应相互提供资料，协助调查和防止海关法规的行为。"除此以外，针对邻近国家（地区）非法贸易问题，澳大利亚也在海关方面予以回应。2016年，澳大利亚和老挝签订了《海关关务合作和相互援助谅解备忘录》，澳大利亚为老挝海关及相关人员提供了有关船只搜索、信息分析、文件核查以及英语方面的培训，并帮助老挝扩大其国家协调中心和两个边防哨卡。

第三，以重要贸易伙伴为重点合作对象。以中国为例，2017年中国与澳大利亚、新西兰实现了AEO互认，这使得澳、新两国与中国贸易时海关通关手续大大简化，贸易规模扩大。2017年，新西兰也与重要贸易伙伴——欧盟签署了《欧洲联盟与新西兰关于海关事务合作和行政互助的协定》，就海关行政互助工作达成一致。

（二）不同层级条约中的海关行政互助协查机制

1. 贸易便利化协定中的海关行政互助协查机制

2017年世界贸易组织总理事会通过了世界贸易组织《贸易便利化协定》议定书，将本协定纳入WTO协定附件1A中，赋予了本协定作为一项货物贸易多边协定的法律地位。其中，本协定第一条至第五条规定了贸易法规透明度相关条款，包括了贸易信息的公布和可获得、贸易法规的提前公布与评论，这便为海关间信息的获取和交换提供了保障。本协定第十二条规定了各世界贸易组织成员海关应就交换海关申报信息开展合作，便利对申报信息的核实。信息交换的内容包括进口或出口申报中所列具体信息，例如商业发票、装箱单、原产地证书以及提单。申请方需遵守被申请方关于信息保护和商业秘密保护等要求；被申请方有权出于公共利益或国内法律要求而拒绝提供信息。

2. 国际区域协议中的海关行政互助协查机制

相关国际区域协议中对于海关行政互助协查方面内容具有一定的重复性，这里以《跨太平洋伙伴关系协定（TPP）》为例。国际区域协议中对海关行政互助协查的主要要求为：在不违背国内法的前提下，通过对一些方面的信息共享和适当行动与缔约方展开合作。需要信息共享的主要有：协定中有关进出口规定的实施和运用；海关估价协定、原产地规则的实施、适用；货物进出口的禁止或限制；包括逃税和走私在内的违反海关法规的行为的调查和预防；缔约方可能决定的其他海关事务。

二、海关合作的实现途径：风险管理与行政协助

（一）海关合作中的风险管理

1. 海关合作的模式特征：供应链的安全与便利

世界海关组织出台的《21世纪海关》对供应链安全与便利进行了以下的描述：全球物流供应链非常容易受到多种干扰，如不诚实的贸易商以及国际有组织犯罪团伙借此开展的逃避税收、走私、洗钱、制假贩假等犯罪行为。如果供应链遭受这样的恐怖袭击或威胁，将给全球经济带来可怕的后果。正是在这样的背景下，世界海关组织《全球贸易安全与便利标准框架》为成员制定了必须接受的最低安全标准，以帮助各国（地区）海关应对冲突，保护供应链安全与便利，并将海关与海关间关系、海关与商界合作关系作为两大核心支柱。在这一文件的引导下，许多发达国家制定了自己的安全标准和措施，以加快合法货物的有效流动并甄别出高风险因素，如美国、澳大利亚的海关—商界伙伴计划，澳大利亚的客户认证计划。国际海关的合作将越来越倾向于将供应链安全与便利作为自己的目标。

2. 对风险安全措施的不同标准：低风险货物和高风险货物的风险管理

《全球贸易安全与便利标准框架》中对高风险的货物或集装箱定义为：没有充分的信息可以将货物确定为低风险，同时，战术情报显示为高风险；或运用安全等级评估办法确认为高风险的货物或集装箱。而对于高风险或低风险货物的认定，世界各国（地区）海关尚未有统一的标准。美国采用系统与人工甄选相结合的风险分析模式。为进行科学高效的风险分析，海关与边境保护局于2002年开发使用了自动分析系统（简称"ATS"）。所有进出美国国境的申报数据都要经过自动分析系统分析检查，风险分析人员会结合自身经验与风险分值对其作出进一步处置。国家监控中心（简称"NTC"）与现场海关都使用自动分析系统进行风险分析和布控，现场海关必须执行由国家监控中心风险分析人员作出的布控指令。据美国海关统计，该国约90%的进出境货物可由计算机自动判断为低风险类型，10%的较高风险货物需接受进一步的人工分析。澳大利亚风险管理手段则更为丰富：其一是风险信息集中管理；其二是对进出口货物

实施100%风险甄别，以防止违禁物品在澳大利亚边境的流动；其三是注重企业风险分析，重点分析企业进出口贸易行为的异常变化；其四是风险等级通过指标赋值确定，指通过对不同风险指标赋予不同权重，经计算累加得到进出口行为的风险值，如超过一定范围，将被列为高风险货物。世界各国货物风险管理尚未统一标准，这也为国家间进出口贸易带来了不小的麻烦。

（二）应对风险的行政协助

1. 行政协助的具体内容：信息交换

信息交换是各国（地区）海关进行行政协助合作的重要方式。《全球贸易安全与便利标准框架》指出："海关在加强全球供应链安全、通过征收税款和便利贸易为社会经济发展作贡献等方面有着独特的地位"，海关与海关的合作是两大支柱之一。《贸易便利化协定》第十二条第二款第一项规定："应请求，并在符合本条规定的前提下，各成员应交换第6.1（b）项和/或（c）项所列信息，以便在有合理理由怀疑一进口或出口申报的真实性或准确性时，对该项申报进行核实。"该（b）项是进口或出口申报所列具体信息，该（c）项是用于证明进口或出口申报单证中所列的具体信息，或在可获得的情况下提供单证本身：商业发票、装箱单、原产地证书以及提单。本协定中关于信息交换的规定是各国（地区）海关对外提供信息的重要依据，交换相关信息是中国作为缔约方必须履行的义务。在区域海关合作协定中，信息交换依然作为协约重点内容。例如在《中华人民共和国政府和阿拉伯埃及共和国政府关于海关事务的行政互助与合作协定》中就规定：应请求，被请求方当局应当提供与调查某一违反海关法行为相关的该方适用的海关法和手续的信息。从此也可以看出，在行政执法互助方面信息的交换也是国际海关行政互助的重要内容。

2. 行政协助的方式：应请求的行政协助与主动的行政协助

国际海关行政互助可分为：（1）主动的行政协助，即一国（地区）海关主动为其他需要帮助的国家（地区）海关提供协助；（2）应请求的行政协助，即一国（地区）海关应其他国家（地区）海关的申请而提供的行政协助。

国际海关行政互助协议多对应请求的行政互助有明文规定。例如在1977年生效的《内罗毕公约》第六条规定：（1）各缔约方按本公约规定的互通情报应在各方海关总局间直接进行。各缔约方海关总局应指定其机构或官员负责联系，并将该机构或官员的名称、地址通知理事会秘书长，秘书长应将此项机密情况提供给其他缔约方。（2）被请求方海关总局，应按其境内现行法规的规定，采取一切必要措施满足此项请求并给予协助。（3）被请求方海关总局，应尽速对此项请求给予答复。

3. 协助义务的免除规定

为保证国家主权、安全利益不受侵犯，各国（地区）在签订的相关海关互助协议中，多对协议的适用范围有所规定。以《内罗毕公约》为例，该公约在第二章"公约的适用范围"第二条中有如下规定：

（1）接受本公约一项或几项附约的各缔约方同意：各缔约方海关总局应按本公约的规定，为防止、调查和惩处各种违犯海关法罪，相互提供协助。

（2）缔约一方海关总局得按本条第一款规定，为该方调查或经办的任何司法或行政诉讼案件，提出相互协助的请求。如该海关总局本身不主持诉讼，它所请求的协助只能以它在诉讼中拥有的权力范围为限。同样，如诉讼系在被请求一方海关总局的境内进行，后者提供的协助也以它在诉讼中拥有的权力范围为限。

（3）本条第一款规定的互助，不应扩大到要求代缔约另一方逮捕人犯，或追征关税、国内税、规费、罚金或其他费用。

第三条规定，如缔约一方认为，请求给予的协助将侵犯该方的主权、安全或其他国家利益，或损害该方公私企业的合法商业利益，可以拒绝提供协助，或仅在一定条件或规定下给予协助。

第四条规定，如缔约一方海关总局请求给予的协助系该方海关总局本身，当另一方提出同样要求时，所不能提供者，该方海关总局应在其请求书中声明此点，提请注意。是否同意此项请求，应由被请求一方自行酌情决定。

通过以上协议规定可以看出，海关行政互助协议应在各国（地区）海关权利范围内进行协助，且不应以侵犯该国的主权、安全或其他国家利益，或损害该国公私企业的合法商业利益为前提，并对国家（地区）海关给予了协助决定的自主权。

三、信息的保密、传递与保护

（一）信息交换的条约依据

1. 信息交换的法律基础

通关信息互相共享作为各国（地区）海关间合作的基础，通常构成海关行政互助合作协定中的一项重要内容。

2004年6月，世界海关组织在修订后的《海关行政互助双边协定示范文本》中指出，为了应对日益增长的国际贸易、交通、电子信息以及违反海关法的行为，保护国际贸易供应链，并在便利守法贸易的同时促进海关的高效执法，各国（地区）海关当局有赖于从各种渠道获取有效的信息，以实施有效的风险评估和选择查验。为了给各国（地区）海关当局之间信息交换提供法律基础，必须有一个双边或多边信息交换的文件。因此，涵盖了上述信息交换核心内容的《海关行政互助双边协定示范文本》应运而生，并为各成员之间签署相关互助协定所参照和效仿。该文本第三章"信息"第三条"适用及执行海关法的信息"的第一款明确规定："双方海关当局应当主动或应请求相互提供有助于海关法的正确适用，防止、调查和打击违反海关法行为，以及保证国际贸易供应链的安全的信息"。第四条至第七条还分别规定了"关税计征的信息""与违反海关法有关的信息""信息的自动交换""信息的提前交换"的内容。可以说以上构成了协定示范文本的核心条款，为各国（地区）海关之间进行通关信息在内的各类信息交换提供了坚实的法律基础。

2. 信息交换的阻却条件

（1）违背国家利益。信息安全是交换共享的前提条件，在信息交换应坚持国家利益至上原则。不得在违背国家主权和利益、侵犯国家经济安全的情况下开展信息交换合作。

（2）未具备完整相关条文协定。按照国际惯例，互助协定谈判中，应对交换信息的保密条款、使用条款和违约责任条款进行规范和约定。未有正当完备的谈判协定，无法进行国际间海关信息交换。

（3）信息全部公开。信息交换是针对缔约方海关面对的国际贸易形势，有针对性地交换相关信息，而并非不考虑信息交换的范围和时效，即信息交换需要必要合理。

3. 关于数据保护的规则对海关数据交换的影响

《全球贸易安全与便利标准框架》中规定，只有政府间就必要的数据保密和保护问题进行协商之后，才能开展海关之间或海关要求企业进行的数据交换。根据目前国际上签订的海关行政互助协议，在国际海关合作中，以任何形式传递的信息应依据相应互助协议中缔约的双方各自适用的规定被视为机密或秘密，其机密性应受到在获取该信息的缔约方国内取得同类信息所应受到的相同程度的保护。未经提供信息的缔约方书面同意，获取的情报、文件和其他联系信件一般不得用于双方签订的协定规定以外的目的。

个人资料只有在可能收到该资料的缔约一方承诺至少与之可能提供资料的缔约另一方处理该资料适用同等方式保护该资料时才可进行交换。提供此类信息的缔约方不应提出比其自身所管辖的信息在保密方面更苛刻的要求。

（二）在不同层级的条约中关于信息交换的差别规定

在《贸易便利化协定》中，第十二条第二款第一项规定："应请求，并在符合本条规定的前提下,各成员应交换第6.1(b)项和/或(c)项所列信息,以便在有合理理由怀疑一进口或出口申报的真实性或准确性时,对该项申报进行核实。"该(b)项是进口或出口申报所列具体信息,该(c)项是用于证明进口或出口申报单证中所列的具体信息,或在可获得的情况下提供单证本身:商业发票、装箱单、原产地证书以及提单。据此可以看出,以本协定为代表的国际公约要求海关数据公开交换多集中在货物本身上。

在国际区域协议上,各国(地区)海关之间因为关注的重点不同,所以信息交换的内容也不一致,一般包括海关执法方面的需求、海关经验交流方面的需求以及海关发挥统计预警监测作用方面的需求等。可以看出,在国际区域协议上,各国(地区)海关间的合作多具有特定性,即根据自身海关行政工作需要而进行信息的交换。

四、澳大利亚与新西兰的行政互助协查主体

(一)澳大利亚海关主要职责

澳大利亚海关主要履行以下职责:除对人员、货物、运输工具及邮件等的监管外,还代表其他政府有关业务部门实施边境管理,如卫生检疫、动物保护、文物保护、商标保护及移民事宜等;实施联邦政府的部分推动工业发展的措施,如关税、配额、补贴、出口激励措施等;征收关税、部分销售税、间接税及其他有关税费,对违法者进行起诉;向澳大利亚统计局提供进出口贸易统计材料。

2008年12月4日,澳大利亚海关署更名为"澳大利亚海关与边境保卫局"(Australian Customs and Border Protection Service,ACBPS),澳大利亚海关被赋予更多边境保卫职权,包括协调边境情报的搜集并对情报进行分析,协调监管、监视和水上行动,进行国际合作,打击海上偷渡。职权增强后,澳大利亚海关通过统一的监管和一点问责制,可以应对复杂的边境保卫方面的挑战。

2014年5月7日,澳大利亚政府宣布将澳大利亚海关与边境保卫局以及移民和边境保护局(Department of Immigration and Border Protection,DIBP)整合为单一政府部门。

2015年7月1日,新的移民和边境保护局整合完成,澳大利亚海关与边境保卫局正式解散。同日,澳大利亚边境执法署(Australian Border Force,ABF)正式组建,成为移民和边境保护局的执行部队。移民和边境保护局继承了澳大利亚海关与边境保卫局原职能和服务,新整合的移民和边境保护局的职权范围包括贸易和海关、近海海事安全和税收、难民和人道主义方案、移民和公民身份认证等。澳大利亚边境执法署作为该部门的执行实施实体,专注开展一线调

查、查验和拘留等执法执勤活动。

2017年12月20日，移民和边境保护局与联邦警察、国家安全部等部门组合形成内政部（Department of Home Affairs，HA），为民政事务总署（Home Affairs Portfolio）的一部分。内政部继续提供移民和边境保护局先前提供的原入境和海关边境政策职能。2017年的机构调整仅是名义上归属关系的调整，不涉及业务层面的改革和重组。

（二）新西兰海关主要职责

新西兰海关主要负责防范由国际贸易和人员往来带来的潜在风险，同时促进人员和货物的合法跨境流动。新西兰海关在毛利语中被称为"Te Mana Arai o Aotearoa"，意思是保护新西兰安全的当局。新西兰海关主要履行以下职责：查缉违禁品（例如毒品）；对旅客及其行李、货物和邮件进行查验；对进口货物估价并征收关税、消费税和商品服务税；打击非法贸易以保护新西兰企业；对进出口货物执行禁限物品管制措施；收集精确的进出口数据。

截至2019年1月31日，新西兰海关共有工作人员1 300多名，在全国各对外开放的海港、空港设有地方海关机构，并在布鲁塞尔、北京、曼谷、华盛顿和堪培拉等地设有驻外海关办事处。截至2022年新西兰海关边境执行委员会（Customs Executive Board）共有6名成员。

新西兰海关署（New Zealand Customs Service）主要包括职能部门和综合后援部门。其中职能部门分四个部分：空港司，主要负责空港进出航空器、旅客、机组人员及其携带物品、机场进出口货物的监管、征税、查验等事项；情报、规划和协调司，主要为其他3个职能部门提供情报和风险评估；调查司，主要负责调查、处理违反海关法以及其他相关进出口法律规章的案件，对沿海区域实施空中和海岸巡逻警戒，并会同其他部门查缉生物入侵；贸易和海洋司，负责进口货物的监管、估价和征税事项。

2021年1月11日，边境执行委员会（The Border Executive Board）依据新西兰2020年公共服务法成立，为跨部门执行委员会，包括新西兰海关署和其余5个部门，其目标职责是对全过程边境系统进行有效管理，打造更加安全、智能、通畅的边境系统。

（三）中国海关与澳大利亚海关及新西兰海关合作互助

1. 澳大利亚

（1）澳大利亚可信贸易商（Australian Trusted Trader，ATT）

澳大利亚可信贸易商与澳大利亚企业合作，其目的在于简化合法贸易，经过澳大利亚可信贸易商认证的可信赖的企业能够享受通关便利化的优势，该认证完全免费并受具有贸易合规和安全供应链的澳大利亚企业认可。

(2) 澳大利亚可信贸易商原产地事先裁决

澳大利亚可信贸易商原产地事先裁定优惠将帮助在中国—澳大利亚自由贸易协定下进口货物的可信贸易商。

这一优惠允许信任贸易商进口商请求单一的、特别的预先裁决，涉及在多种关税分类下的货物和托运，这些货物符合中国—澳大利亚自由贸易协定的原产地规则和托运规则。澳大利亚可信贸易商原产地事先裁定取代了多次传统事先裁定的需要，有效期为5年。

这一优惠适用于根据中国自由贸易协定进口货物的可信贸易商。受信任的贸易商可受益于与获取产地来源证相关的行政负担减轻，以及通过第三方获取产地来源证可能产生的直接成本。

2. 新西兰

自2008年中国—新西兰自由贸易协定签署并生效以来，新西兰对中国的商品出口翻了两番。中国现在是新西兰最大的贸易伙伴，2018年双向贸易额超过280亿新西兰元。

该协定的亮点包括：（1）新西兰97%以上的商品出口现已取消关税，2018年，除乳制品外，所有出口产品（一些产品仍受关税和保障措施的约束，这些关税和保障措施将于2024年逐步淘汰），少数被排除在自由贸易协定之外的产品有资格免关税进入中国；（2）新西兰企业和消费者可以更好地获得高质量的中国商品，2018年，所有来自中国的进口商品都有资格免关税准入；（3）改善新西兰服务提供商进入中国市场的机会，包括确保某些行业的服务出口商将受益于中国给予其他自由贸易协定合作伙伴的任何改善准入的机会；（4）通过改进签证处理，商务人士可以更快、更轻松地临时进入中国；（5）在卫生和植物检疫措施以及技术性贸易壁垒等领域加强合作；（6）解决与自由贸易协定有关的争议的明确程序；（7）关于环境和劳工的专门协议，提供更有效的讨论与合作；（8）减少"繁文缛节"，包括为某些电气和电子设备产品的新西兰出口商提供更简单、更便宜的路线，以符合中国的认证要求。

第七章 贸易便利化协定及双边协定框架下我国单独关税区海关行政互助协查机制研究

一、贸易便利化协定及双边协定框架下中国香港海关行政互助协查机制

（一）香港海关的运作机制

1. 香港海关简介

香港海关是中华人民共和国香港特别行政区政府保安局辖下的纪律部队。海关关长除向保安局局长负责外，亦同时向商务及经济发展局局长和财经事务及库务局局长负责。所属部门为中华人民共和国香港特别行政区政府，主要行政职能是进出口管理。

香港海关前身出入口管理处成立于1909年，初期主要负责保障税收的工作。1949年出入口管理处与物料供应署、贸易署及工业署合并成工商署。1962年成立工商署缉私队，1977年改称香港海关。1982年8月1日成为独立的政府部门。香港回归祖国后，海关关长成为香港特别行政区的主要官员之一，须由香港特别行政区行政长官提名，报请中华人民共和国中央人民政府任命。

2. 香港海关主要职能

香港海关主要职责有进口及出口清关、进口及出口报关、应课税品、牌照及许可证之申请、保障消费者权益及执行相关法例、保护知识产权工作及执行相关法例以及毒品管制。

3. 部门职责及运转机制

香港海关的首长为海关关长，由1名海关副关长协助处理部门事务，另5名首长级人员分别掌管辖下5个工作单位。5个工作单位包括：行政及人力资源发展处（AD分处）、边境及港口处（BP分处）、税务及策略支援处（ES分处）、情报及调查处（II分处）及贸易管制处。

（1）行政及人力资源发展处

行政及人力资源发展处负责内务行政、财务管理、人力资源管理和行政支援服务等工作，下辖内务行政科、财务管理科、部队行政科、训练及发展科、检控及管理支援科及投诉调查课。该处首长为助理关长。

（2）边境及港口处

边境及港口处负责所有关于出入境管制站管制和便利清关职能的事宜，负责管辖机场科、陆路边境口岸科、铁路及渡轮口岸科、港口及海域科及特别职务队。该处首长为助理关长。

（3）税务及策略支援处

税务及策略支援处负责有关税收保障及税务管制、应课税品，向首长级人员提供智囊服务和行政支援服务，包括项目筹划和发展，资讯科技发展，国际海关联络及合作、协调代理服务，下辖应课税品科、海关联络科、策略研究科、项目策划及发展科、资讯科技科及新闻组。该处首长为助理关长。

（4）情报及调查处

情报及调查处负责关于毒品、知识产权、制定政策和策略以推广在海关行动中进一步使用情报和风险管理的事宜，指示有关保护知识产权事宜的执法和调查工作，并负责调查和遏止非法贩运危险药物、执行毒品/有组织罪行资产充公法例条文、管制化学品，下辖海关毒品调查科、情报科、版权及商标调查科、税收及一般调查科，以及特遣队。该处首长为助理关长。

（5）贸易管制处

贸易管制处由贸易管制主任职系的文职人员组成，负责商务及经济发展局辖内有关贸易管制的事宜，贸易管理及保障消费者的执行工作，下辖一般调查及制度科、紧贸安排及贸易视察科、贸易调查科、商品说明及货物转运管制科、消费者保障科。该处首长为贸易管制处处长（职级为高级首席贸易管制主任）。

（二）内地海关与香港海关合作互助情况

1. 内地海关与香港海关签订《海关总署与香港海关合作互助安排》

内地海关和香港海关于2000年3月1日签订《海关总署与香港海关合作互助安排》（以下简称《合作互助安排》），双方同意遵照《中华人民共和国香港特别行政区基本法》，在"一国两制"的框架内，通过建立两个不同关税地区相互支持的合作与互助模式，在相互尊重两地法律制度的基础上，在各自的权限和能力的范围内开展双方的合作与互助，在各自的法律、权限、能力及资源的范围内，依照所签订的安排进行合作并相互提供行政互助，以保证海关法的正确实施，打击违反海关法的行为。

《合作互助安排》属于同一主权下两个独立关税地区之间的海关业务协作规范，不具有条约性质，没有法律约束力，由合作与行政互助两个部分构成。

2. 内地海关与香港海关签署《香港海关与海关总署关于加强双方合作的备忘录》

1998年8月，"内地海关与香港海关合作与交流正式会议"结束时，双方代表签署了《香港海关与海关总署关于加强双方合作的备忘录》，进一步明确双方合作与交往计划的拟订和具体实施。

（三）内地海关与香港海关合作发展情况

内地海关与香港海关的行政互助交往活动起源于1982年，当时主要通过广东分署与香港海关开展粤港两地海关的业务联系。随着粤港海关交往活动的发展，两地合作的范围逐渐扩大到海关技术培训、业务研讨等领域。

香港回归祖国以后，1998年4月海关总署代表团赴香港举行非正式会晤，就内地海关与香港海关的全面合作问题进行了磋商，双方签署了《非正式磋商会谈纪要》，成为今后双方开展合作和进行交往的框架和基础。

1998年8月，在北京召开了"内地海关与香港海关合作与交流正式会议"，签署了《香港海关与海关总署关于加强双方合作的备忘录》。

1999年，为落实该备忘录项下的海关行政互助合作项目，海关总署和香港海关举行了两轮会谈，双方在简化海关手续建立粤港海关会晤制度、联络渠道、年度会晤等方面达成了共识。

2000年3月1日海关总署与香港海关正式签署了《海关总署与香港海关合作互助安排》。11月，双方决定成立"海关总署与香港海关数据交换和陆路口岸通关便利专家小组"，组织开展具体行政互助工作。

2002年5月，内地由商务部牵头，将海关总署和香港海关数据交换、建立口岸信息化共享平台、促进口岸通关效率、加强沟通及扩大合作领域等工作，正式列为《内地与香港关于建立更紧密经贸关系的安排》关于贸易投资便利化中"通关便利化"的主要内容。

同时，内地海关与香港海关在以下几方面要继续加强合作：第一，要继续联合开展打击走私活动，对涉嫌走私的船舶和车辆采取追击、监视、拦截等，对于利用《内地与香港关于建立更紧密经贸关系的安排》进行走私活动的也要开展专项斗争；第二，研究开展两地报关自动化系统的联网，并且研究开展联合办公的可能性；第三，交换涉嫌走私运输工具和货物的情报，包括动态性的情报信息资料，适时开展对重点商品进出口的及时通报行动；第四，开展两地海关的交流和培训活动，组织两地海关不同级别的人员相互参观考察活动，扩大视野，增进了解和友谊，同时两地海关就相互所专长的项目举办一些培训活动；第五，继续深化两地海关在统一载货清单作业单证、互认关锁、互享查验信息等方面的合作。

(四) 香港海关与欧洲共同体海关的行政合作互助情况

香港海关与欧洲共同体海关签订《欧洲共同体与中国香港地区的海关合作和行政援助的协议》。签约双方考虑到在海关事务合作关系的发展，认识到违反海关法律的行为会损害双方的经济、财政和商业利益，以及必须保证关税和其他费用的精确计算的重要意义，一致认为双方的海关部门能够更有效地共同合作以制裁此类违法活动，根据国际关税合作委员会 1953 年 12 月 5 日所作的关于互相提供行政援助的建议，香港特别行政区政府于 1999 年与欧洲共同体（现已改名为欧洲联盟）签署具有约束力的《欧洲共同体与中国香港地区的海关合作和行政援助的协议》，旨在促进香港海关与欧洲共同体成员国海关之间的合作。该协议由一般规定、海关事务合作、行政援助三大部分构成。

(五) 香港海关与其他国家及地区海关的行政互助情况

为加强合作打击跨境罪行，香港海关自 1991 年以来，先后与阿根廷、澳大利亚、比利时、加拿大、斐济、法国、印度、印度尼西亚、以色列、意大利、日本、韩国、马达加斯加、墨西哥、蒙古国、新西兰、泰国、荷兰、中国内地、俄罗斯、乌克兰、英国、美国及越南等国家及地区的海关机构签署不具约束力的海关合作安排。

(六) 香港海关行政互助协查机制的分析

1. 贸易便利化协定、双边协议与香港海关行政互助协查机制的关系

贸易便利化协定及双边经济协议为香港海关行政互助协查机制提供了法律依据，营造了签订双边协议的良好法律环境。同时，海关行政互助协查机制也在一定程度上促进了海关贸易便利化，在一定程度上丰富了双边协议的内容。

贸易便利化的改善主要由基础设施和制度规则共同决定，基础设施的完善，能为货物跨境流动带来便利，提高效率。而制度规则的标准化，则能加强信息和程序透明度，规范跨境贸易的便捷流动，营造良好的海关合作环境。

海关行政互助协查机制则是海关贸易便利化制度规则的关键一环。海关行政互助的范围包括：协助确保适当执行关务法令、正确课征关税及其他税捐以及正确核定货物的税则分类、估价及原产地，并防范、调查及打击任何违反关务法令的行为；建立协调沟通的管道，以促进信息交流。另外，包括有关档案、文件的提供与信息保密及官员的作证等事项。海关行政互助从基础来看，主要是指海关当局的合作和协调，当局海关部门的协调配合。

2. 香港海关行政互助协查机制的重要意义

海关行政互助协查机制有利于实现反假冒、打击走私的目的，如各合作海关的情报交换、打击麻醉品和非法贩运等。

其还有利于贸易便利化对贸易成本的降低，将促使贸易成为经济增长和可持续发展的主要引擎。从区域一体化来看，行政互助协查能在很大程度上帮助消除国际贸易的机制性障碍，贸易便利化、行政互助程度的加深，也有利于区域一体化的深化。

3. 香港海关行政协查机制的不足

香港海关的行政互助协查机制主要以双边签订的互助协议（备忘录）为主，多不具备法律效力，由此可见，海关行政互助依据位阶较低，这可能会导致行政执法互助的低效力执行，降低海关通关的便利性，因而存在制度层级方面的不足。

4. 中国海关行政互助协查制度可完善的因素考量

从国别和区域来看，中国香港海关既与美国、欧盟等主要经济体的海关保持着稳定均衡和合作共赢的关系框架，建立了长期稳定的合作伙伴关系，并注重拓展合作的广度与深度，同时又加强了与日本、韩国等东亚国家海关和俄罗斯海关等的合作。对我国海关而言，尤其是在当今"一带一路"倡议的大背景下，应着重推进区域经济一体化的建设，加强与"一带一路"沿线国家（地区）海关的互联互通，创新海关行政执法互助体系，促进"一带一路"海关通道建设，实现"一带一路"区域通关一体化，从而促进贸易便利化发展。

国际合作方面，除海关总署层面的国际合作外，直属海关层面也应积极展开与世界各国（地区）海关相对应层面的关际合作，尤其是贸易往来比较频繁的各口岸海关更是如此，比如上海海关与韩国釜山海关在关际层面开展各项合作，可以极大便利两地的贸易往来，从而带动中韩两国贸易的发展。另外，中国海关还应积极参与并深化国际组织贸易便利化议题、加强与其他国家（地区）海关的国际合作，深化贸易便利化领域海关国际执法互助合作。[1]

法律依据方面，中国海关行政互助协查机制主要依据主要是与各国（地区）海关签订的互助协议，多不具备法律效力。因此，有效统合现有海关行政互助执法依据，提高海关行政执法互助的效力位阶十分重要。此外，我国还应该完善《中华人民共和国海关法》(以下简称《海关法》)。《海关法》作为海关领域的第一大法，具有统领全局的作用，然而就《海关法》而言，仅就海关职

---

[1] 邰媛莹：《中国海关推进贸易便利化的政策研究》，博士论文，2017 年 5 月。

权、进出境运输工具、进出境货物、进出境物品、关税、海关事务担保、执法监督以及法律责任作出规定。虽然货物通关的大体程序都具备了,但并没有体现贸易安全、海关贸易便利化以及海关执法互助。因此,应该加强海关贸易便利化与海关执法互助的规定,虽然部分规定已体现在海关公告中,如商品归类行政裁定,但并未能很好地体现《海关法》的现代性,以及贸易安全和海关贸易便利化这两大海关主题。因此,《海关法》应在"单一窗口"、海关合作、贸易安全、海关风险管理等方面制定制度、具体标准以及技术性操作,可以付诸海关规范性文件或海关公告规定。海关法律体系的完善需要诸多法规的协调配合,这就要求对众多执法依据进行有效统合,消除相互间的冲突,减少重复规定,补充遗漏规定。只有建立起海关法律体系,才能实现体系化功能从法律上规范海关贸易便利化和海关行政互助机制。①

二、贸易便利化协定及双边协定框架下中国澳门海关行政互助协查机制

(一) 澳门海关的运作机制

澳门特别行政区海关负责领导、执行和监察与关务政策有关的措施,并负责关务管理和监督等具警务性质的职务。

职责有预防、打击和遏止关务欺诈行为;致力于预防和遏止不法贩运活动;配合对外贸易活动的监管工作,并为发展对外贸易活动做出贡献,以维护澳门特别行政区在国际上的信誉;根据法例,确保对知识产权的保护;致力于履行中华人民共和国澳门特别行政区在海关范畴内承担的国际义务;致力于保护人身和财产安全,妥善执行中华人民共和国澳门特别行政区的内部保安政策以及参与中华人民共和国澳门特别行政区的民防工作,并在紧急情况中参与行动。

(二) 内地海关与澳门海关合作互助情况

内地海关和澳门海关同意遵照《中华人民共和国澳门特别行政区基本法》,在"一国两制"的框架内,通过建立两个不同关税地区相互支持的合作与互助模式,在相互尊重两地法律制度的基础上,在各自的法律、权限、能力及资源的范围内,依照所签订的安排进行合作并相互提供行政互助,以保证海关法的正确实施,打击违反海关法的行为。

《合作互助安排》属于同一主权下两个独立关税地区之间的海关业务协作规范,不具有条约性质,没有法律约束力,由合作与行政互助两个部分构成。

---

① 参见戴正清、龚瑞阳:《中国海关贸易便利化制度的完善——以〈贸易便利化协定〉为视角》,载《海关法评论》2017年第7卷。

三、贸易便利化协定及双边协定框架下中国台湾、澎湖、金门、马祖单独关税区海关行政互助协查机制

（一）台湾地区海关的运作机制

"台湾、澎湖、金门、马祖单独关税区"为中国台湾地区在世界贸易组织的会籍名称，简称"中国台北单独关税区"。2002 年 1 月 1 日起加入世界贸易组织。

（二）海峡两岸海关合作协议情况

海峡两岸签订《海峡两岸海关合作协议》。该协议从海关程序、海关合作、请求程序等 4 个方面对两岸海关合作内容进行了确定，标志着两岸海关合作由此进入了一个崭新的发展阶段。

《海峡两岸海关合作协议》节选内容如下：

第一章，总则。

第一条，定义。在本协议中，海关程序指双方海关及行政相对人应遵守的相关程序及规定；海关合作指双方为执行海关规定而进行的各项合作；运输工具指用以载运人员、货物、物品进出境的各种船舶、车辆及航空器；请求方海关指请求协助的一方海关；被请求方海关指被请求协助的一方海关。

第二条，范围。本协议适用于执行海关程序及进行海关合作的相关事宜。

第三条，目标。本协议目标为：一、促进双方海关程序的简化及协调，提高通关效率，便利 ECFA 的执行。二、便利两岸人员及货物的往来，促进两岸贸易便利与安全。

第二章，海关程序。

第四条，便利化。一、双方应确保海关程序及其执行具有可确定性、一致性及透明性，其海关估价、商品归类等规定应与世界贸易组织或世界海关组织有关规定相一致。二、双方应采取适当措施，以便利货物、物品及运输工具的通关，并逐步应用信息技术，促进无纸化通关的发展。

第五条，风险管理。双方海关应注重识别高风险企业及货物，实施经认证的经营者（以下简称 AEO）认证制度，便利货物通关。

第六条，透明度。双方海关应采取包括但不限于以下措施提高透明度：一、公布与行政相对人权利义务有关的规定。二、设置必要的咨询点，受理行政相对人相关业务咨询。三、一方海关规定有重大修正，且可能对本协议的实施产生实质影响时，应及时通知另一方海关。四、应一方海关请求，另一方海关应就已公布并影响行政相对人规定的变动情况提供信息。

第七条，行政救济。双方海关的规定应赋予行政相对人对海关作出的决定

申请行政救济的权利。

第三章，海关合作。

第八条，合作内容。双方海关在包括但不限于以下领域内进行合作：一、相互通报有关海关规定；及时交换与ECFA货物贸易有关的海关估价、商品归类及原产地确定所需的证件、文书等相关资料。二、为正确计征ECFA货物贸易进口货物关税，主动或应请求提供及核查海关估价、商品归类及原产地确定有关信息。三、进行查处走私相关合作与技术交流，主动或应请求提供查处走私及其他违反海关规定行为的情报资料与协助。四、对通关过程中产生的问题应及时进行沟通协调，采取必要措施予以解决。五、对各自海关监管中应用的风险管理方法，选取可行项目进行合作。六、逐步实施AEO相互承认并给予通关便利。七、对各自海关监管中应用无线射频识别技术（RFID）的方法，进行交流与合作。八、加强在海关特殊监管区域海关管理方面的交流与合作。九、建立与ECFA货物贸易有关的海关电子信息交换系统。十、对暂准货物通关事项进行合作。十一、进行海关贸易统计合作，定期交换贸易统计数据，进行贸易统计制度、方法、统计数据差异分析等技术交流。十二、进行人员互访、交流、观摩学习及专题研讨。

第四章，请求程序。

第九条，请求的方式。请求方海关应以书面方式提出请求，并附所需文件。如情况紧急，请求方海关可提出口头请求，但应尽速以书面方式加以确认。

第十条，请求的内容。一、依据本协议所提出的请求应包括下列内容：（一）提出请求的海关；（二）请求的目的及理由；（三）请求事项的相关情况；（四）请求采取的措施；（五）涉及有关规定的说明；（六）答复时限及联络方式；（七）其他经双方海关同意应说明的事项。二、被请求方海关必要时可要求请求方海关对上述请求进行更正或补充。

第十一条，请求的执行。一、被请求方海关应在其权限及能力范围内采取合理的执行措施。二、被请求方海关可依请求提供经过适当认证的文件资料及其他物件。除被特别要求书面文件外，被请求方海关可传送电子信息并提供必要的说明。三、若请求事项涉及被请求方海关以外的其他相关部门，被请求方海关应将该项请求转送相关部门，并将处理情况通知请求方海关。四、被请求方海关可按请求方海关的要求执行有关请求，除非该要求与被请求方海关的规定或做法相抵触。

第五章，其他。

第十二条，联系机制。一、双方同意，由两岸经济合作委员会海关合作工作小组负责处理本协议及海关合作相关事宜，由双方海关各自指定的联络人负责联络，并建立联络热线，以保障协议的顺利实施。必要时，经双方同意，可指定其他单位负责联络特定事项。二、海关合作工作小组可视需要成立工作分组负责处理本协议有关事宜，并向海关合作工作小组报告。三、双方海关视需要举行会议，以评估本协议执行情况及研究解决有关问题。

第十三条，保密义务。一、依据本协议所取得的任何信息，应受到在接受方取得同类信息所应受到相同程度的保护。二、一方海关对所提供信息的保密性有特殊要求并说明理由，另一方海关应给予特殊保护。三、如未事先获得被请求方海关的书面同意，请求方海关不得将取得的信息转交其他单位及人员，亦不得在司法及行政程序中作为证据使用。

第十四条，费用。一、双方海关就执行请求所产生的一切费用，原则上应放弃获得补偿的要求。如执行请求需要支付巨额或特别性质的费用，双方海关应商定执行该项请求的条件及有关费用负担的办法。二、双方海关可就执行本协议第八条规定的合作事项所产生费用的补偿问题另行商定。

第八章 我国海关行政互助协查现状及推进的路径

随着全球对贸易安全与便利的日益重视，不同国家（地区）海关之间的合作也日益得到重视。一方面，从全球商界角度来说，普遍希望减少货物进出口的海关手续与通关时间，进一步简化通关所需的各种重叠烦琐的单证，从而降低国际贸易成本。另一方面，从全球海关角度来说，为了优化海关监管，防范和打击手段诡谲的违反海关法规的行为，需开展深层次的海关国际合作[①]，其中，海关行政互助协查是非常重要的内容和实现途径。

在海关总署发布的《"十四五"海关发展规划》中，海关国际合作是一个重要的组成部分。逐步构建海关大外事工作格局，积极参与全球经济治理，在推动构建新型国际关系和人类命运共同体中体现我国海关责任担当，成为海关总署"十四五"发展规划的重要目的。因此，如何继续推进海关行政互助协查是一个重要的命题。

《贸易便利化协定》第十二条是关于海关合作的规定，主要规定了成员海关应就交换海关申报信息开展合作，以便海关对申报信息的核实。而申报信息交换的内容主要包括进口或出口申报中所列具体信息，包括主要的随附单证，诸如发票、装箱单、原产地证书以及提单等。

一、"行政互助""执法互助"概念之辨析

在海关国际合作中，"行政互助"与"执法互助"是较为常见的两个概念，正确界定二者，对于《贸易便利化协定》背景下海关行政互助协查机制研究具有重要的意义。

"行政互助"一词在国内法及国际法中适用频率较高。如1999年6月29日，对外贸易经济合作部、海关总署就发挥各自优势，打击对外贸易中的违法活动，加强对外贸易管理方面加强合作，发布了《对外贸易经济合作部、海关总署关于打击走私违法活动行政互助协议》。而我国与国外海关签署的有关海关国际合作的协议、谅解备忘录中，相当比例的协议、谅解备忘录名称包含有"行政互助"一词。

根据《海关总署国际司关于印发〈海关国际合作相关概念的解释〉的函》，

[①] 马骊：《中国海关国际合作模式与实践研究》，博士论文，2014年11月。

行政互助（Mutual Administrative Assistance）是指为了保证有效实施海关法律法规，防范、打击违反海关相关法律法规的行为，维护正常贸易秩序，两国（地区）海关依据双方的协议或基于对等互惠的原则，在法定权限内相互为对方提供多种形式协助的活动。而执法互助（Mutual Enforcement Assistance）则是指为了执行海关法和其他有关法律法规，有效打击进出境环节商业瞒骗、走私、进出口侵犯知识产权货物等违法违规行为，维护正常贸易秩序，两国（地区）海关在各自法定权限内，依据双方的协议或基于对等互惠的原则，通过行使执法权实施的协助配合活动。执法互助通常包括情报交换、单证核查、与进出境环节商业瞒骗有关的贸易调查或稽查、案件协查、联合执法行动等[1]。

可见，行政互助与执法互助两个概念的内涵和外延有不同的界定。但是，从内容和逻辑关系来说，行政互助与执法互助是包含与被包含的关系，执法互助是行政互助的重要部分。除执法互助的主要工作内容之外，行政互助通常还包括海关之间互相承认监管结果、业务信息交换等形式。

二、贸易便利化协定背景下我国海关行政互助协查现状分析

根据海关总署标法中心统计，2020年1~6月标法中心共接收来自28个国家（地区）的协查请求319件、1 192票，对外发出协查请求2件、13票。通过对上述数据及相关请求的分析得知，行政互助协查有两个显著特点：一是协查请求依然依据双边协议提出，还未收到根据《贸易便利化协议》相关条款提出的协查；二是对外发出的协查请求有突破，但绝对数量仍偏少，也就是说我方接收和发出的协查请求数量悬殊。究其原因，主要有以下几个方面：

（一）《贸易便利化协定》中关于海关合作的条款欠缺国内法的转化规定且过渡期刚结束

我国在国际条约、国际法规范和国内法关系问题上，一直没有采取统一的或者单一的模式。我国宪法对条约的法律地位及其适用问题没有作出明确的规定，宪法仅原则性地、简单地规定了国务院的缔约权及全国人大常委会的决定批准与废除权[2]。关于条约在中国的适用，有学者认为我国的适用方式是混合方式，即直接适用兼采转化适用。《贸易便利化协定》中关于海关合作的条款在我国如何适用尚待研究和实际落实。

---

[1] 《海关总署国际司关于印发〈海关国际合作相关概念的解释〉的函》，国际函〔2011〕4号。

[2] 资料来源：中国人大网，《明确国际条约在我国的适用》，2014年11月24日。

此外，我国未收到根据《贸易便利化协定》相关条款提出的协查请求，与该协定生效后"海关合作"条款在我国处于过渡期也有关联。该协定将相关措施分为 A 类与 B 类，列为 A 类的措施在该协定生效后立即执行，而 B 类措施的生效存在一个过渡期。我国将包括"海关合作"在内的 4 项措施列为 B 类，即前述条款需要经过一定过渡期后再予以全面实施，也就是说在该协定生效时，我国暂不受该条款的约束。之所以做出如此选择，是与我国海关货物通关数量以及海关执法工作压力有关，虽然我国通过双边协定建立了一些海关合作，但要完全依据该协定的要求，尚无法完全实现①。

2019 年 12 月 30 日，"海关合作"B 类措施的过渡期刚刚结束②。因此，2020 年 1~6 月的统计数据，甚至在 2020 年全年的统计数据中，没有国家（地区）海关根据《贸易便利化协定》相关条款向我方提出协查请求，属于阶段性的现象，出现亦属正常。

（二）现有协议有效支撑了海关行政互助的开展

我国除了批准《贸易便利化协定》之外，还通过中央政府层面、海关总署层面的行政互助条约、议定书等形式，积极推进海关国际合作，推动海关行政互助协查工作。

截至 2021 年 6 月，我国与国外海关机构签署的涉及行政互助内容的协议、谅解备忘录等文件共有 74 份，适用于 90 多个国家和地区。这些协议、谅解备忘录等，有效支撑起我国的海关行政互助协查工作。据标法中心统计，我国海关每年接收的协查请求有 1 000 余件，涉及超过 2 000 余票货物，且有逐年增多的趋势，中方的协查请求数量也有了明显的增长。

（三）沿边省级政府、直属海关与境外地方政府、海关当局之间的合作成为海关行政互助的重要组成部分

我国一些沿边的省区与毗邻我国的境外地方政府建立了多层次、多形式、多领域的合作机制，如广西壮族自治区与越南相关边境省份建立的合作渠道。具体来说，广西壮族自治区与越南广宁、谅山、高平、河江四省成立了党委书记新春会晤联谊暨联合工作委员会（2008—2017 年为联合工作委员会，2018 年以来为新春会晤联谊暨联合工作委员会）于每年春节后由中越双方轮流召开会

---

① 余丽：《〈贸易便利化协定〉在我国的实施研究》，载《国际经济法学刊》2015 年第 3 期。

② B 类措施的结束时间成员方可以自行指定，也可以提前结束。如 2019 年 8 月，中国向世界贸易组织通报《协定》B 类措施补充情况，将原先承诺的"单一窗口"条款实施日期由 2020 年 2 月 22 日改为 2019 年 7 月 19 日。

议。截至 2021 年共召开 12 次。每年的中国广西壮族自治区党委书记与越南边境四省党委书记会晤，均有南宁海关领导出席，会议议题包括广西与越南经贸合作、互联互通、口岸升格开放、口岸通关便利化、中越边界管理等，与越方深入开展磋商和合作，形成会议纪要，积极推动落实[①]。另外，作为沿边省份，黑龙江省与俄罗斯滨海边疆区也有类似的合作机制。

同时，我国沿边海关也与毗邻我国的境外的海关当局建立了行之有效的行政互助合作机制。以南宁海关为例，该海关与越南毗邻省份海关合作渠道包括"两国四方"会谈渠道和其他渠道。其中，"两国四方"会谈渠道由南宁海关联合越南广宁、谅山、高平三省海关局，在中越海关《关于合作与互助的协议》《关于缉私合作的协议》框架下建立。会谈每年轮流在中方、越方主办，主要议题涉及行政互助与协作、口岸通关便利化、跨境缉私合作等，截至 2019 年 12 月，共开展"两国四方"会谈 6 次（2020 年、2021 年因新冠疫情未开展）。在此框架下，为进一步增进中越海关双方了解、发展双边友好关系，推进中越边境海关在贸易便利化、打击走私、行政互助等各方面开展深度合作互助，自 2016 年 11 月起，南宁海关建立了常态化对越反走私工作交流机制，从直属海关和沿边隶属海关两个层面，每季度定期分别将辖区总体反走私工作开展情况、辖区走私态势、对越合作需求通报越南对应边境海关；如遇个案性、临时性行政执法互助需求，则通过专门致函方式向越方提出。此外，南宁海关边境隶属海关及海关缉私分局不定期通过边境零公里会晤交流、开展双方互访及工作会谈等形式，就具体行政互助事项进行协调对接。其他渠道方面，广西壮族自治区公安厅与越南边境四省公安厅签订"1+5"执法合作机制。经过南宁海关积极推动，2016 年 12 月，广西壮族自治区公安厅在中越边境五省（区）警务执法合作第一次会议上，首次将缉私执法纳入中越跨境警务合作平台议题，明确自治区公安厅与越南边境四省公安厅签订的"1+5"执法合作机制框架下，建立"中越跨境缉私警务执法合作机制"，推进中越跨境缉私执法不断深化。此外，广西壮族自治区公安厅刑侦、禁毒、边防等部门和边境县市公安、边防机构对南宁海关缉私执法予以支持，通过中越边境联合扫毒行动合作平台和国际司法合作机制等渠道，协调越方公安、边防等相关执法部门支持，协助抓捕遣返潜逃犯罪嫌疑人。

可见，我国沿边省级政府、直属海关与境外政府、海关之间的合作成为海关行政互助的重要组成部分。

---

① 摘自全国反走私调查研究中心提供的研究资料。

三、新阶段推进海关行政互助协查的主要举措

（一）完成机构整合后行政互助履约主体的对外告知

2018年，出入境检验检疫管理职责和队伍划入海关，开启了中国特色社会主义新海关建设的新征程。根据《海关总署职能配置、内设机构和人员编制规定》，海关总署负责海关领域国际合作与交流，即代表国家参加有关国际组织，签署并执行有关国际合作协定、协议和议定书。

为有效承担起出入境检验检疫管理职责划入海关总署之前，我国缔结和加入的、需要由原检验检疫部门履行的国际条约与公约，以及原检验检疫部门与有关国家（地区）职能机关签署的涉及行政互助的议定书等，建议海关分类处理，以不同的渠道通知外方。第一，对于我国缔结和加入的需要由原检验检疫部门履行的国际条约与公约，可由外交部门通知相关缔约方我方具体履约主体的变更情况。第二，对于原检验检疫部门与有关国家（地区）职能机关签署的有关行政互助的议定书等，可由海关总署通知相关国家（地区）的职能机关我方具体履约主体的变更情况。

（二）重新界定海关行政互助的范围

我国与国外签署的涉及行政互助内容的协议、谅解备忘录等文件中，对海关行政互助的范围的确定多采取概括规定加列举相结合的方式。概括规定多为"缔约双方海关当局应通过互相提供适当信息的方式相互协助，以保证有效地实施海关法规以及防止、调查和打击违反海关法规的活动"或近似描述。在概括规定前提下，通过肯定列举和否定列举相结合的模式，具体规定行政互助的范围。

对"海关法"或"海关法规"的描述，多为："海关法"系指由双方海关当局执行或实施的关于进口、出口或转运的一切法律和法规，或"海关法规"系指由中华人民共和国或xx（系指国家或地区）实施的关于货物进口、出口或转运及其被置于任何其他海关制度或手续下的一切法律法规或其他有法律约束力的文件，包括禁止、限制和监控措施。

2018年4月，随着出入境检验检疫管理职责和队伍整体划入海关，我国海关的职能除传统的监管、征税、统计、缉私职能之外，还增加了商品检验、动植物检疫、国境卫生防疫、进出口食品安全。我国的海关法律体系则包括了《海关法》《中华人民共和国国境卫生检疫法》《中华人民共和国进出境动植物检疫法》《中华人民共和国进出口商品检验法》《中华人民共和国食品安全法》5部主要法律及行政法规和部门规章，以及我国参加的相关国际条约与公约，成为一个国内法和国际法互融、海关行政法和其他部门法交叉、综合性的涉外

法律体系①。

因此，在海关总署职能配置、内设机构调整之后，有必要重新界定海关行政互助的范围，将商品检验、动植物检疫、国境卫生防疫、进出口食品安全领域的国际合作纳入行政互助的范围当中，并注意和国务院其他部委在履职中的分工和配合②。

（三）有必要开发一个行之有效的海关行政互助协查系统

根据《贸易便利化协定》以及我国与其他国家（地区）签署的海关行政互助合作协议、议定书等，我国海关和境外海关以及其他国家机关在职权和资源范围内有义务通过信息交换等方式相互提供协助。

但是，现阶段海关行政互助协查工作主要是人工操作方式，所需人力资源多、耗时长、不易查询并反馈信息、不能形成系统化流程、不能对风险信息提出预警。其工作方式及其工作效率无法适应我国海关行政互助协查开展的需要，与我国"智慧海关、智能边境、智享联通"的建设目标也不匹配。因此，有必要开发一个行之有效的海关行政互助协查系统。③

已开发的海关行政互助协查系统对内应能满足海关总署各业务司局及各直属海关对外提出行政互助协查的需要，呈现出"一对多"的功能设计；对外应能向其他国家（地区）的海关及有关职能机关向我方提出行政互助协查之需要，呈现出"多对一"的功能设计④。

（四）重视海关行政互助协查在海关缉私国际执法合作中的作用

海关缉私部门开展国际执法合作的渠道主要有外交渠道、刑事司法协助和警务合作渠道、国际刑警组织渠道、国际海关合作渠道，以及其他非政府国际组织合作渠道等。其中，海关缉私的刑事执法（即走私犯罪案件侦查）中，刑事司法协助和警务合作渠道、国际刑警组织渠道是主要的合作渠道。

此外，无论是案件的数量还是案值，行政执法都是海关缉私非常重要的组成部分。因此，高度重视海关行政互助协查在海关缉私行政执法中的作用，对于行政执法，尤其是走私行为案件的调查和处理非常有价值。

---

① 资料来源：上海市法学会官网，《完善国门生物安全立法刻不容缓》，2020 年 2 月 18 日。
② 如在国际合作方面与农业农村部的有关职责分工。农业农村部负责签署政府间动植物检疫协议、协定；海关总署负责签署与实施政府间动植物检疫协议、协定有关的协议和议定书，以及动植物检疫部门间的协议等。
③ 海关行政互助协查信息化系统已于 2021 年 7 月开发建设。
④ 此处的海关行政互助协查亦包括出入境检验检疫管理职责划入海关总署之前，我国缔结和加入需要由原检验检疫部门履行的国际条约与公约，以及原检验检疫部门与有关国家（地区）职能机关签署的有关行政互助的议定书等确定的行政互助协查。

参考文献

[1] 何力. 世界海关组织及法律制度研究［M］. 北京：法律出版社，2012.

[2] 蔡卫平. 海关缉私总论［M］. 北京：中国海关出版社，2010.

[3] 杨欣.《贸易便利化协定》与相关条约的冲突与协调［D］. 大连：大连海事大学，2020.

[4] 刘宇昕.《京都公约》修订的相关法律问题研究［D］. 重庆：西南政法大学. 2020.

[5] 冯景. 中亚国家在经贸领域海关合作问题研究［D］. 乌鲁木齐：新疆大学，2006.

[6] 崔雅莉. 中国实施自由贸易区战略法律问题研究［D］. 重庆：西南政法大学，2010.

[7] 张鸣. 中国加入《内罗毕公约》的法律挑战及对策研究［D］. 上海：华东政法大学，2020.

[8] 严波. WTO 体制中世界海关组织的角色和作用研究［D］. 上海：复旦大学. 2010.

[9] 黎可平. 浅析 WTO《贸易便利化协定》特殊与差别待遇条款［J］. 特区经济，2016（7）：126-129.

[10] 朱秋沅. 论 WTO 与国际海关制度及组织的关系［J］. 上海海关学院学报，2013，34（2）：85-99.

[11] 海关总署. 王令浚在京调研海关行政互助协查工作（图）.（2019-12-20）［2022-3-31］.［EB/OL］http://fuzhou.customs.gov.cn/customs/302249/hgzssldzj/302340/302381/302383/2787437/index.html.

[12] 商务部新闻办公室. 商务部世贸司负责人解读《贸易便利化协定》条款.（2017-3-8）［2022-3-31］.［EB/OL］http://www.mofcom.gov.cn/article/zhengcejd/bl/201703/20170302530476.shtml.

[13] 上观新闻. 在"一带一路"建设中，推动 WTO《贸易便利化协定》

(TFA) 的全球实施. (2017-5-9) [2022-3-29]. [EB/OL] http://chinawto. mofcom. gov. cn/article/ap/tansuosikao/201705/20170502571978. shtml.

[14] 海关发布. 倪岳峰在深圳出席"雷电"暨"大地女神"第五期国际联合行动总结会开幕式. (2019-11-27) [2022-3-31]. [EB/OL] https://baijiahao. baidu. com/s?id = 1651303027730522743&wfr = spider&for = pc&searchword =

[15] 李颖. 中国官员参与国际环境执法获联合国奖励. 国际先驱导报. (2015-6-16) [2022-3-31]. [EB/OL] http://ihl. cankaoxiaoxi. com/2015/0616/820115. shtml

[16] 中国海关政府采购网. 海关总署国际检验检疫标准与技术法规研究中心2021年海关行政互助协查信息化应用采购项目竞争性磋商. (2021-5-21) [2022-3-31]. [EB/OL] http://hgcg. customs. gov. cn/hgcg/InfoDetail/?InfoID = d0fc95d2-68f9-49d1-8d6a-1b88804b81bd&CategoryNum = 004001

[17] 中国海关政府采购网. 海关总署国际检验检疫标准与技术法规研究中心2021年海关行政互助协查信息化应用采购项目成交公告. (2021-3-6) [2022-3-31]. [EB/OL] http://hgcg. customs. gov. cn/hgcg/InfoDetail/?InfoID = 06bb720e-0f8f-4872-9ac6-d49d087ba5b3&CategoryNum = 004004

[18] WCO. 1953 Council Recommendation on Mutual Administrative Assistance. (2012-8-30) [2022-3-21]. [EB/OL] http://www. wcoomd. org/en/topics/enforcement-and-compliance/instruments-and-tools/wco-and-international-instruments-on-mutual-administrative-assistance. aspx

[19] WCO. 1967 Recommendation of the Customs Co-operation Council on the Pooling of Information concerning Customs Fraud. (2012-8-30) [2022-3-21]. [EB/OL] http://www. wcoomd. org/en/topics/enforcement-and-compliance/instruments-and-tools/wco-and-international-instruments-on-mutual-administrative-assistance. aspx

[20] WCO. 1975 Council Recommendation on the Pooling of Information concerning Customs Fraud. (2012-8-30) [2022-3-21]. [EB/OL] http://www. wcoomd. org/en/topics/enforcement-and-compliance/instruments-and-tools/wco-and-international-instruments-on-mutual-administrative-assistance. aspx

[21] WCO. 2000 Cyprus Declaration. (2012-8-30) [2022-3-21]. [EB/OL] http://www. wcoomd. org/en/topics/enforcement-and-compliance/instruments-and-tools/wco-and-international-instruments-on-mutual-administrative-assistance. aspx

[22] WCO. Revised Model Bilateral Agreement. (2012-8-30) [2022-3-

21］. ［EB/OL］http：//www. wcoomd. org/en/topics/enforcement-and-compliance/instruments-and-tools/wco-and-international-instruments-on-mutual-administrative-assistance. aspx

［23］WCO. Nairobi Convention. （2012-8-30）［2022-3-21］. ［EB/OL］http：//www. wcoomd. org/en/topics/enforcement-and-compliance/instruments-and-tools/wco-and-international-instruments-on-mutual-administrative-assistance. aspx

［24］WCO. Guidelines for Regional Mutual Administrative Assistance in Customs matters. （2012-8-30）［2022-3-21］. ［EB/OL］http：//www. wcoomd. org/en/topics/enforcement-and-compliance/instruments-and-tools/wco-and-international-instruments-on-mutual-administrative-assistance. aspx